過去

失業、失戀、失勢

既然不能全部享有

不如接受你所擁有

韓春華 —— 編著

已無法再重來

得到與失去，似乎是一對不可調和的矛盾？

無論是工作或生活，絕對的公平、一致的意見都難以達成，為了創造和諧的生存環境，
每個人都必須要有所捨棄，該是時候改變，學會在適當的妥協中追求目標的實現！

面對生活中的無可奈何，
若你能以退讓開始，就能以勝利告終！

目錄

前言

第一章　患得者得不到，患失者必失去

看破得與失的玄機……………………………………………… 14

放棄是一種最具智慧的選擇……………………………………… 16

學會從得到中失去，就能從失去中獲得………………………… 18

把失去當成一種致富哲學………………………………………… 22

做自己最想做的事………………………………………………… 24

把上一次失去當作下一次得到的起點…………………………… 27

在得與失之間做出正確的選擇…………………………………… 29

有一種堅強叫放棄………………………………………………… 31

拿起該拿起的，放下該放下的…………………………………… 34

第二章　做出有限的退讓，獲得無限的空間

妥協是不能不具備的人生智慧…………………………………… 40

如果你能以退讓開始，就能以勝利告終………………………… 42

退卻是進攻的第一步……………………………………………… 46

懂進退可以大事化小、小事化了………………………………… 48

主角配角都要能扮演……………………………………………… 50

讓步正是為了進步………………………………………………… 53

CONTENTS

屈服不是盲目，退卻不是軟弱 ……………………… 57

留給自己的餘地越大越從容 ………………………… 59

不爭，不足以立志；不讓，不足以成功 …………… 62

識時務者為俊傑 ……………………………………… 65

第三章　拿出過人的勇氣，抓住人生的機運

「不害怕」才能成人所不能成 …………………… 70

該出手時就不要瞻前顧後 ………………………… 75

勇敢地承擔責任 …………………………………… 80

輸不起是人生最大的失敗 ………………………… 83

機會掌握在自己手中 ……………………………… 86

失敗不可怕，怕的是不敢從頭再來 ……………… 89

敢想敢做才能突破平庸 …………………………… 91

一個人有點野性未必是件壞事 …………………… 95

苦盡之後甘就來 ……………………………………100

第四章　幫人就是幫自己，雙贏才能算真贏

給人方便是一條最好的路 …………………………106

保持美的方法是與人共同擁有美 …………………108

助人就是提前播下的收穫的種子 …………………110

幫助別人成功，是追求個人成功最保險的方式 ……112

關鍵時你幫人一把，人就助你一臂之力 …………116

關心別人就是給自己機會 …………………………118

幫助別人要懂得技巧 ································· 119

不要低估了別人的知恩圖報之心 ············· 123

患難之中最需要的就是幫助 ····················· 125

雙贏才是真贏 ··· 126

工作中更需要伸出援手 ···························· 129

第五章　感恩是一種胸懷，報恩是一種境界

感恩是一種像施恩一樣高貴的品德 ············ 134

人生的第一件事：對父母感恩 ·················· 135

感恩可以擦去心靈上的塵垢 ····················· 139

感恩之心會幫助你選擇正確的那一方 ········· 143

感恩可以停止無益的擔憂 ························· 147

善行可以讓你生活得更有層次 ·················· 152

換個角度看就會發現驚喜和感激 ··············· 159

感謝生活給你的苦難 ······························· 161

第六章　用愛感化堅冰，因愛得到真情

捨得一點愛，收穫的是整片天空 ··············· 168

用愛心實現人生價值的最大化 ·················· 171

愛的力量足以支撐生命 ···························· 173

聆聽蘊含著真愛的魅力 ···························· 177

身處逆境也能讓愛心發出耀眼的光芒 ········· 180

找尋幸福的唯一方法就是施與愛 ··············· 183

CONTENTS

愛為世界換上新面孔 …………………………………… 185

感動是溫暖世界的力量 ………………………………… 188

心靈富足的人必定會給予 ……………………………… 192

做一些別人認為的傻事不算傻 ………………………… 194

送人玫瑰手留餘香 ……………………………………… 199

第七章　名利眼前過，真誠心中留

利益重要，但絕非最重要 ……………………………… 206

金錢重要，尊嚴更重要 ………………………………… 210

名與利都不過是過眼雲煙 ……………………………… 215

別成為名利的奴隸 ……………………………………… 217

推開虛掩的名利之門 …………………………………… 223

讓自己卸下名利的枷鎖 ………………………………… 229

去留無意，寵辱不驚 …………………………………… 235

多一物多一心，少一物少一念 ………………………… 240

功名利祿如浮雲 ………………………………………… 243

第八章　放得下累贅，得到了快樂

放下是一種快樂 ………………………………………… 248

人生的情致來自淡泊 …………………………………… 252

雲在青天水在瓶 ………………………………………… 255

不要被自己的心困住 …………………………………… 258

隨緣，讓煩惱隨風而逝 ………………………………… 260

「不爭」和「無求」是遠離煩惱的絕妙方法 ·················· 263

知道自己為何而忙 ····································· 267

守住你的平常之心 ····································· 271

放曠達觀，隨遇而安 ··································· 277

第九章　肯吃虧者有福報，善吃虧者是高人

把吃虧當作你必須付出的本錢 ····················· 284

要學會感謝你所吃過的虧 ························· 287

主動把大頭讓出去 ····························· 289

越想占便宜，往往占不到便宜 ················· 291

講究吃虧的方式與技巧 ······················· 293

吃虧要化被動為主動 ······················· 296

自己吃虧是駕馭他人的妙方 ············· 298

吃虧也是一種做事的策略 ··············· 300

CONTENTS

前言

有句話叫「不入虎穴，焉得虎子」，為人處世也好，人際關係也罷，不肯付出，凡事只想著以最小付出獲得最大回報，既不現實也不明智；相反，只有將捨得作為你的人生準則，路才能越走越寬，人才能越活越自在。

在捨與得之間，不少人更喜歡得：得到尊敬、得到利益、得到榮譽、得到地位等等。誰不希望事業更成功、生活更富足呢？問題是，有些人的目光緊緊盯在要得到什麼，以及如何得到上，而忽略了與「得」唇齒相依的「捨」。他們應該明白只有肯捨、敢捨才能得到更多。

有一則耐人尋味的小故事：

一個小男孩家裡很貧窮，於是他就上街去乞討，有人給小男孩 1 美元和 10 美元，問他選擇拿哪一個，小男孩只拿了 1 美元，不拿那 10 美元。起初，人們以為小男孩心善，不好意思讓人家破費。後來又有人故意這樣讓小男孩選擇，小男孩還是只拿 1 美元，不拿 10 美元。於是，這個只要 1 美元不要 10 美元、似乎有點傻的小男孩的名聲就傳出去了。許多人拿錢來讓小男孩選擇，人

PREFACE

們紛紛拿 1 美元和 10 美元放在小男孩面前，小男孩始終不拿 10 美元，只拿 1 美元。甚至有人反覆拿出 1 美元和 10 美元放在小男孩面前，就為了嘲笑小男孩只選擇 1 美元時的那副傻樣子。後來，家人問小男孩：「究竟你為什麼只拿 1 美元，而不要 10 美元呢？」小男孩說：「我拿人家 10 美元的話，我就跟其他乞丐一樣了，人家也就不會故意拿錢來給我。」

這個小男孩可以說深知捨與得的道理：捨得是一對孿生兄弟，關係卻如魚和熊掌，不可兼得。有捨才有得，有得必有捨。

但是，你不能把「捨」僅僅看作與「得」交換的籌碼，它更是調劑身心、釋放心靈、提升人生層次的重要途徑，是把自己的生活變得更加豐富多彩，讓自己的處世之道更加伸縮自如的大智慧。擁有了這種智慧，在壓力面前你就能撐得住，進退得失之間，你就能淡定自如。

得與失的道理許多人都懂，但為什麼大多數人在平時的工作生活中，一旦遇到實際問題便又迷失了方向，「本性」盡顯呢？說到底，關鍵在於你有一顆什麼樣的心。一個對所得到的一切、對周圍的人和事心存感恩的人；一個虛懷若谷、大肚能容的人；一個凡事看得

開、放得下的人，他會把「捨」當作一種必然，一種生活方式。這才是捨的最高境界，也是做人與成事的最高境界。

懂得了人生的意義，才知道捨的價值；懂得了為什麼捨，才知道沒有什麼不可以捨。「捨」的學問，比我們表面看到的要深刻得多，它是一種做人處世的價值觀念；一種實現人生目標的智慧；一種無所不明又無所不包的胸懷氣度；一種身心和諧、主宰自己人生的精神境界。

由此看來，捨得的智慧，的確是一種需要我們用心領悟的人生大智慧。

PREFACE

第一章
患得者得不到，患失者必失去

　　人生中的一大障礙是個「怕」字，而很多人最怕的是未得到的得不到，已得到的會失去，說到底就是「捨」不得。可是，生活是無所不在的辯證法，你越怕得不到的，往往真的難以得到，越怕失去的，常常容易失去。這一得一失的道理，值得我們每個人仔細體會。

看破得與失的玄機

　　得到與失去，似乎是一對不可調和的矛盾：得到的總是希望更多，失去的總是希望最少。但是天下事能盡如人願者能有多少？要得到什麼，往往需要你失去些什麼，或者說，當你失去些什麼的時候，你必定會得到些什麼。

　　但是，汲汲於物質追求的紅塵中人，對這得與失的玄機，又有幾人能透澈了解呢？

　　高速行駛的火車上，一位老人不小心將剛買的一隻新鞋從窗戶掉出去，周圍的旅客無不為之惋惜，不料老人毅然地把剩下的一隻也扔了下去。眾人不解，老人卻從容一笑：「鞋無論多麼昂貴，剩下的一隻對我來說也沒有什麼意義了。把它扔下去，就可能讓撿到的人得到一雙新鞋，說不定他還能穿呢。」

　　老人在丟了一隻鞋後，毅然地丟下另一隻鞋，這便是成熟而理智的表現。一般來說，人們總是飄飄然於擁有的喜悅，而淒淒然於失去的悲傷。老人卻以從容的達觀之態，超越於世人之上。的確，與其抱殘守缺，不如捨去，或許會給別人帶來幸福，同時也使自己心情舒暢。老人這種捨得的做法令人頓生敬意，也值得我們深思。

　　有位居士向禪師訴苦：「我的妻子非常吝嗇，不但對慈善事業毫不關心，甚至連親戚朋友遇到困難也不肯接濟。

請禪師去我家開導開導她。」禪師就跟隨這位居士來到他家中。果然，居士的妻子十分小氣，僅僅倒了一杯白開水給禪師，連一點茶葉也捨不得放。禪師並不計較，但是，不知為什麼，他用兩個拳頭夾著杯子喝水。居士的妻子噗哧一聲笑了出來。禪師問她笑什麼，她說：「師父，你的手是不是有問題？怎麼總是握著拳頭？」禪師問：「握著拳頭不好嗎？我如果天天這樣呢？」「那就是有毛病了，時間一長，便是畸形了。」「哦——」禪師像是恍然大悟，伸開手，卻又總是翹著五根指頭，說什麼也不肯併攏。居士的妻子又被他的滑稽模樣逗笑了，笑著說：「師父，你的手總是這樣，還真畸形啊！」禪師點點頭，認真地說：「總是握著拳頭或總是攤開巴掌，都是畸形。這就如同我們的錢財，如果只知死死地握在手裡不肯鬆開，時間一長，人的思想就畸形了；如果出手太大，只知花錢，不知儲蓄，也是畸形。錢，是流通的，只有流轉起來，才能實現它的價值。」

　　居士妻子的臉紅了。因為她明白了禪師所做的一切都是變相地在說服她不要吝嗇。但她總覺得受挫了，便想出個難題給禪師，為自己找回面子。這時，她養的一隻小猴子跑了進來。她靈機一動，將小猴子抱起來，對禪師說：「大師，你看這小猴子多可愛呀，跟我們人類的模樣差不多。」禪師開玩笑說：「牠比人多了一身毛，如果肯捨棄，就可以做人了。」

居士的妻子說：「您法力無邊，請想辦法把牠變成人吧。」居士一邊訓斥妻子荒唐，一邊向禪師道歉。誰知，禪師認認真真地說：「好吧，我可以試試看。不過，能不能變成人，主要看牠自己了。」禪師伸手拔了一根猴毛。小猴子痛得吱吱亂叫，從女主人懷裡掙脫出來，逃之夭夭，不見蹤影。禪師長長嘆了一口氣，搖著頭說：「唉，牠一毛不拔，怎麼能做人呢？捨得捨得，有捨才有得；絲毫不捨，如何能得？」

居士的妻子羞紅了臉，再也無話可說了。

事情的結果往往是這樣：捨得，可使人得到許多回報；相反地，捨不得，可能使人遺憾終生。

放棄是一種最具智慧的選擇

在人生漫漫長路上，會面臨著很多選擇，有選擇就有放棄。選擇什麼、放棄什麼，這是一門學問。人生最重要的是機遇，而正確的放棄，則是真正掌握住了機遇。

因為很多時候，放棄就是獲得。人們常將「捨」與「得」合說成「捨得」，就是因為有「捨」才有「得」嘛！

一個人在沙漠裡迷失了方向，酷暑難熬，飢渴難忍。正當快撐不住時，他發現了一棟廢棄的小屋，屋子裡居然還有一臺抽水機。

他興奮地上前，卻怎麼也抽不出半滴水來。這時，他看見抽水機旁，有一個裝滿了水的瓶子，瓶子上貼了一張紙條，上面寫著：你必須用水灌入抽水機才能飲水！不要忘了，在你離開前，請再將水裝滿！

怎麼辦？能抽出水來當然好，要是水浪費掉了而抽不出水呢？自己不是有可能死在這裡嗎？如果將瓶中的水喝了，還能暫時遠離飢渴。這個人猶豫不決。

想來想去，他還是將水倒進抽水機，不一會，就抽出了清冽的泉水，他不僅喝了個夠，還帶足了水，最終走出了沙漠。

臨走前，他把瓶子裝滿水，然後在紙條上加了幾句話：紙條上的話是真的，你只有先捨棄瓶中的水，才能得到更多的水！

有一得，必有一失，只有放棄一些東西，才有更多的收穫。人生好比一個房間，想要搬進新的家具、電器，就得先扔掉一些東西。放棄不是失去，正確的放棄，往往是一個全新的轉捩點，是一個脫胎換骨的再生過程。

老鷹是世界上壽命最長的鳥類，牠可以活70多歲。但是，當老鷹活到40歲時，牠的爪子開始老化，無法有效地抓住獵物；牠的喙變得又長又彎，幾乎張不開嘴；牠的翅膀變

得十分沉重，飛翔十分吃力。

　　這時候，老鷹會經歷一個十分痛苦的過程。牠在懸崖上築巢，停留在那裡，不能飛翔。牠用喙打擊岩石，直到完全脫落。之後靜靜地等候新的喙長出來。然後會用新長出的喙，把指甲一根一根地拔出來，當新的指甲長出來後，牠便把羽毛一根一根地拔掉。5 個月以後，老鷹得以再生，重新鷹擊長空，瀟瀟灑灑度過後來 30 年的歲月！

　　在我們的生命中也是一樣，有時候我們必須做出放棄甚至犧牲，才能開始一個嶄新的生活。

　　正確的放棄不是逃避、不是懦弱，而是理智的選擇。在生活中，我們常常遇到「魚和熊掌」不可兼得的情況，為了得到熊掌，只有放棄魚。為了得到更大、更長久的利益，只有先放棄一些好處，甚至是忍痛割愛。

學會從得到中失去，就能從失去中獲得

　　人們習慣於為得到的東西而自喜，為失去的東西而遺憾，看看我們周圍的人，為了一點蠅頭小利，而大動干戈者何其多。其實，淡定地看待失去，從正向的角度利用失去，你得到的會更多。

　　金代禪師非常喜愛蘭花，在寺旁的庭院裡栽培了數百盆

各色品種的蘭花，講經說法之餘，總是全心地去照料，大家都說，蘭花好像是金代禪師的生命。

一天，金代禪師因事外出。有一個弟子接受師傅的指示，為蘭花澆水，但一不小心，將蘭花架絆倒，打翻了整架的盆蘭。

弟子心想：師傅回來，看到心愛的盆蘭這副景象，不知會有多憤怒？於是就和其他的師兄弟商量，等禪師回來後，勇敢認錯，且甘願接受任何處罰。

金代禪師回來後，看到這件事，一點也不生氣，反而心平氣和地安慰弟子：「我之所以喜愛蘭花，是因為要用香花供佛，也是為了美化禪院環境，並不是想生氣才種的啊！世間的事物變化無常，我們不必執著於心愛的事物而難以割捨。因為那不是禪者應有的行為！」

金代禪師的「不是為了生氣才種花」的禪功，深深地感染了弟子們。畢竟，我們喜愛一種事物的初衷，並不是因為失去它時要傷心。人生中的很多東西既然已失去，不妨就讓它失去吧。

法國的軍隊從莫斯科撤離後，一個農夫和一個商人在街上尋找財物，他們發現了一大堆未被燒焦的羊毛，兩個人就各分了一半並捆在自己的背上。回程他們又發現了一些布

第一章　患得者得不到，患失者必失去

匹，農夫將身上沉重的羊毛扔掉，選些自己扛得動的較好的
布匹，而貪婪的商人卻將農夫所丟下的羊毛和剩餘的布匹統
統撿起來。重負讓他氣喘吁吁，行走變得緩慢。

走了不遠，他們又發現了一些銀器，農夫將布匹扔掉，
撿了些較好的銀器背上，商人卻因沉重的羊毛和布匹壓得他
無法彎腰而作罷。

突然天降大雨，商人身上的羊毛和布匹被雨水淋溼了，
他飢寒交迫，然後踉蹌地摔倒在泥濘當中，而農夫卻一身輕
地回到家了，變賣了銀器，過起了富足的生活。

人生在世，有得有失，有盈有虧。有人說得好，你得到
了名人的聲譽或高貴的權力，同時就失去了做普通人的自由；
你得到了巨額財產，同時就失去了淡泊清貧的歡愉；你得到
了事業成功的滿足，同時就失去了眼前奮鬥的目標。我們每
個人如果認真地思考一下自己的得與失，就會發現，在得到
的過程中，也確實不同程度地經歷了失去。整個人生，就是
一個不斷反覆得失的過程。

一個不懂得什麼時候該失去什麼的人，就是愚蠢可悲的
人。誰違背這個過程，誰也會像貪婪的那種人，累倒在地，
爬不起來。誰能坦然地面對失去，誰就有可能換來幸福、
美滿的人生。瑪里‧居禮的一次「幸運的失去」就是最好的

證明。

1883 年，天真爛漫的瑪麗亞中學畢業後，因家境貧寒，沒錢去巴黎上大學，只好到一個有名望的地主家裡去當家庭教師。她與地主的大兒子凱西密爾相愛，在他們倆計劃結婚時，卻遭到凱西密爾父母的強烈反對。這兩位老人深知瑪麗亞生性聰明，品行端正。但是，貧窮的女教師，怎麼能與自己家庭的錢財和身分相匹配呢？父親大發雷霆，母親幾乎暈了過去，凱西密爾屈從了父母的意志。

失戀的痛苦折磨著瑪麗亞，她曾有過「告別塵世」的念頭。但是瑪麗亞畢竟不是平凡的女人，她除了個人的愛情，還愛科學和自己的親人。於是，她放下情緣，刻苦自學，並幫助當地貧苦農民的孩子學習。幾年後，她又與凱西密爾進行了最後一次談話，凱西密爾還是那樣優柔寡斷，她終於砍斷了這根愛戀的繩索，去巴黎求學。這一次「幸運的失戀」，就是一次失去。如果沒有這次失去，她的個人歷史將會是另一種寫法，世界上就會少了一位偉大的科學家。

學會習慣失去，往往能從失去中獲得。得其精髓者，人生則少有挫折，多有收穫；人會從幼稚走向成熟，從貪婪走向偉大。

把失去當成一種致富哲學

　　美國成功學家安東尼‧羅賓（Tony Robbins）在談到「華人首富」李嘉誠時說：「他有很多哲理性的語言，我都非常喜歡。有一次，有人問李澤楷，他父親教了他什麼成功賺錢的祕訣。李澤楷說，父親沒有教他賺錢的方法，只教了他做人處世的道理。李嘉誠這樣跟李澤楷說，假如他和別人合作，如果他拿 7 分合理，8 分也可以，那他拿 6 分就可以了。」

　　也就是說：他讓別人多賺 2 分。所以每個人都知道，和李嘉誠合作會賺到便宜，因此更多的人願意和他合作。你想想看，雖然他只拿 6 分，但現在多了 100 個人，他現在多拿多少分？假如拿 8 分的話，100 個人會變成 50 個人，結果是虧是賺可想而知。

　　有一個建築公司的老闆，他從一萬元起步，做到 100 億臺幣的資產。他是怎麼創業成功的？他在別家做總經理的時候，對老闆說，假如想要成功的話，應該考慮多讓一分利，而不是多爭一分利。他給老闆看一則報導，這則報導就是報導李嘉誠，然後在上面寫著：「7 分合理，8 分也可以，那我只拿 6 分。」他就是用這套李嘉誠哲學，

　　成為一個擁有 100 億臺幣的董事長。

　　前面提到的安東尼‧羅賓，對李嘉誠的讓利理論十分讚

賞,並立即應用於現實中,他和任何人合作,一定是用這樣的思考模式,因此他的合作夥伴越來越多。比如,他在臺灣演講時曾說,「有一個經紀人,他有買房子還貸款的壓力,而我沒有什麼壓力,但給他的分紅不夠,沒有辦法付貸款。為了幫助他付清貸款,我給他額外的分紅。我的另一個合夥人,他什麼都不懂,我還得教,結果我和他對半分。為了幫助他消除他的生活壓力,我願意多犧牲。」

企業家、世界「塑膠大王」王永慶也是一個讓利專家。台塑集團公司的管理水準很高,讓它的客戶羨慕不已,建議台塑將自己的管理精華傳授給客戶,使客戶能迅速提高經營管理水準。這項建議回饋到台塑後,王永慶欣然答應,決定開辦「企管研討會」。參加研討會的學員來自眾多產業,都是台塑集團公司的客戶,連一些著名企業的老闆也報名參加。

台塑企業本著為客戶提供管理資訊服務的精神,學員一律免費。台塑企業除提供教材外,同時免費供應午餐與晚餐。上午、下午各安排一次「咖啡時間」,供應各式餐點:根據台塑總管理處的成本核算,每位學員的花費約為 800 元,總支出達 160 萬元。在一般人看來,花錢請別人來學自己的「絕活」,無疑是在做傻事。但王永慶的理念卻是給人利益,自己也得利。這正是他的思路與理念的出類拔萃之處。

王永慶深知,台塑與下游企業乃是唇亡齒寒的關係,一

榮俱榮，一損俱損。因此，他從不利用「龍頭老大」的地位為自己爭利；相反地，他寧可自己少賺點，也要保障下游企業的利益。有一年，由於世界石油危機和關貿壁壘的盛行，使得國際經濟環境惡化，全球塑膠原料價格普遍提高。按市場常規，台塑此時提高價格是名正言順的。但王永慶考慮到下游企業的承受能力，決定降低公司的目標利潤，維持原供應價，自行消化漲價成本。有人問他為什麼如此大度，他說：「如果賺一塊錢就有利潤，為什麼要賺兩塊錢呢？何不把這一塊錢留給客戶，讓他去增加設備，如此一來，客戶的原料需求量將會更大，訂單不就更多了嗎？」

讓一分利反而十分有利，這一道理看似簡單，但許多人一旦利益當前，卻無法克服爭利之心，從而喪失了長遠利益。這正是大人物與小人物的本質差別所在，也是人生成敗的祕訣所在。

做自己最想做的事

在選擇職業時，很多年輕人最容易陷入患得患失的泥潭，覺得這個不錯，又怕丟掉那個。本來做得很好，跟人比一比，又垂頭喪氣起來。其實，這也正是對人生的得與失認識不清導致的弊病。

「做自己喜歡和善於做的事，上帝也會助你走向成功。」這是世界首富比爾蓋茲說過的一句話，這是不是應該成為今後我們選擇職業的指南呢？比爾蓋茲是電腦方面的天才，早在他還沒有成名的時候，他對電腦就十分著迷，並且是一個典型的工作狂，但這種「工作」完全是出於一種本能的愛好。「做自己喜歡做的事」，成就了蓋茲的財富人生。

那時候，為了研究和電腦玩撲克的程式，他簡直到了如飢似渴的程度，撲克和電腦消耗了他的大部分時間。像其他所專注的事情一樣，蓋茲玩撲克很認真，但他第一次玩得糟透了，可他並不氣餒，最後終於成了撲克高手，並研發了這種電腦程式。在那段時間裡，只要晚上不玩撲克，蓋茲就會出現在哈佛大學的艾肯電腦中心。有時疲憊不堪的他，會趴在電腦上酣然入睡。蓋茲的同學說，常在清晨發現蓋茲在機房裡熟睡。蓋茲也許不是哈佛大學數學成績最好的學生，但他在電腦方面的才能卻無人可以匹敵。他的導師不僅為他的聰明才智感到驚奇，更為他那旺盛而充沛的精力而讚嘆。

有人問羅斯福總統夫人：「尊敬的夫人，你能給那些渴求成功，特別是那些年輕的、剛剛走出校門的人一些建議嗎？」

總統夫人謙虛地搖搖頭，但她又接著說：「不過，先生，你的提問，倒令我想起我年輕時的一件事：那時，我在本寧

頓學院念書，想邊學習邊找一份工作，最好能在電腦通訊業找份工作，這樣我還可以修幾個學分。我父親便幫我聯繫，約好了去見他的一位朋友，當時任美國無線電公司董事長的薩爾洛夫將軍。

「等我單獨見到了薩爾洛夫將軍時，他便直截了當地問我想找什麼樣的工作，具體是哪一種？我想他手下的公司任何一種我都喜歡，選什麼都無所謂，便對他說，隨便哪份工作都行！

「只見將軍停下手中忙碌的工作，眼光注視著我，嚴肅地說，年輕人，世上沒有一種工作叫『隨便』，人的一生，要做你最想做的事！

「將軍的話讓我面紅耳赤。這句發人深省的話語，伴隨我的一生。」

你要選擇一條正確的航道，就要不斷冷靜地矯正你的航向。只有學會冷靜地思索，才能矯正你的羅盤，你就會自動地做出反應，與你的目標、你的最高理想，處於同一條直線上。

所以，當你不斷地努力工作時，你應時常靜下心來好好想一想，你所努力的方法及方向是不是你生命中最想要的？三百六十行，行行出狀元。但其「狀元之才」之所以能夠浮出水面，為世人稱頌，就是因為他放棄某些誘惑，而選擇了適合自己，並且是自己想做的工作。

把上一次失去當作下一次得到的起點

一位名人曾經諄諄教誨我們：「不要為打翻的牛奶哭泣。」是啊，既然已經失去 —— 不管有多少，也不管給你造成了什麼後果，你要做的首先是接受它，然後為自己尋找一個新的起點。

有一名叫做魯奧吉的青年，他在 20 歲那年騎摩托車出事，腰部以下全部癱瘓。魯奧吉在事後回憶說：「癱瘓使我重生，過去我所有做的事都必須從頭學習，就像穿衣、吃飯，這些都是鍛鍊，需要專注、意志力和耐心。」

魯奧吉以正向面對人生的態度聲稱，以前的自己，不過是個渾渾噩噩的加油站工人，整天無所事事，對人生沒什麼目標。車禍以後，他經歷的樂趣反而更多，他去讀了大學，並拿到語言學學位，他還替人做財務顧問，同時也是射箭與釣魚的高手。他強調，如今「學習」與「工作」是他所選擇的最快樂的兩件事。

的確，生命中收穫最多的階段，往往就是最難熬、最痛苦的時候，因為它迫使你重新審視和反省，替你打開內心世界，為你帶來更清晰、更明確的方向。

想要生命都在掌握之中，是件非常困難的事，但日積月累，經驗能幫助你累積一股力量，讓你越來越能在人生的風

浪中進出自如。很多災難，事過境遷之後回頭去看，會發現它並沒有當初看來那麼糟糕。

　　心理學家曾經提出過「最優體驗」的解釋，意思是指，當一個人自覺能把體能與智力發揮到最極限的時候，就是「最優體驗」出現的時候，而通常「最優體驗」都不是在順境之中發生的，反而是在千鈞一髮的危機與最艱苦的時候浮現。據說，許多在集中營裡大難不死的囚犯，就是因為困境，激發了他們採取最優的對策，最終躲過劫難。

　　這是基督聖歌「奇蹟的教誨」中的一句歌詞：「所有的鍛鍊，不過是再次呈現，我們還沒學會的功課。」學著與痛苦共舞，才能看清造成痛苦來源的本質，明白內在真相。更重要的是，讓你學到該學的功課。

　　山中鹿之助是日本戰國時代有名的豪傑，據說他時常向神明祈禱：「請賜給我七難八苦。」很多人對此舉都很不理解，就去請教他。山中鹿之助回答：「一個人的心智和力量，必須在經歷過許多挫折後才會顯現出來。所以我希望能借各種困難險惡，來鍛鍊自己。」而且他還作了一首短歌，大意如下：「令人煩惱的事情，總是堆積如山，我願盡可能地去接受考驗。」

　　一般人對神明祈禱的內容都有所不同，一般而言，不外乎是利益方面。有些人祈禱更幸福，有人祈禱身體健康，甚

至賺大錢，卻沒有人會祈求神明賜予更多的困難和勞苦。因此當時的人，對於鹿之助這種祈求七難八苦的行為不能理解，是很自然的現象。他的用意，是想透過種種困難來考驗自己，其中也有借七難八苦來勉勵自己的用意。

山中鹿之助的君主尼子氏，遭到毛利氏的滅亡，因此他立志消滅毛利氏，替君主報仇。但當時毛利氏的勢力正如日中天，在尼子氏的遺臣中，敢與毛利氏為敵的，可說是少之又少，許多人一想到這是毫無希望的戰鬥，就心灰意冷。可是，鹿之助還是不時勉勵自己，鼓舞自己的勇氣。或許就是因為這個緣故，他才會祈禱七難八苦。

在大事降臨時，人總會感覺內心不安或意志動搖，這是很正常的。面臨這種情況時，就必須不斷地自勵自勉，鼓起勇氣，充滿信心地去面對，這才是最正確的選擇。

在得與失之間做出正確的選擇

人在大的得意中常會遭遇小的失意，後者與前者比起來，可能微不足道，但是人們卻往往會執著於那小小的失，而不去想想既有的得。

其實得到固然令人欣喜，失去卻也沒有什麼值得悲傷的。得到的時候，渴望就不再是渴望了，於是得到了滿足，卻失去了期盼；失去的時候，擁有就不再是擁有了，於是失

去了所有，卻得到了懷念。連上帝都會在關了一扇門的同時又打開一扇窗，得與失本身就是無法分離的：得中有失，失中又有得。

《孔子家語》裡記載：有一天楚王出遊，遺失了他的弓，下面的人要找，楚王說：「不必了，我掉的弓，我的人民會撿到，反正都是楚國人得到，又何必去找呢？」孔子聽到這件事，感慨地說：「可惜楚王的心還是不夠大啊！為什麼不講人掉了弓，自然會有人撿到，又何必計較是不是楚國人呢？」

「人遺弓，人得之」應該是對得失最豁達的看法了。就常理而言，人們在得到一些利益的時候，大都喜不自勝，得意之色溢於言表；而在失去一些利益的時候，自然會沮喪懊惱，心中憤憤不平，失意之色流露於外。但是對於那些志趣高雅的人來說，他們在生活中能「不以物喜，不以己悲」，並不把個人的得失放在心上。他們面對得失心平氣和、冷靜對待。如晉代的陶淵明，在官場打滾 10 多年之後，認為官場是汙濁的、骯髒的，他置身其中，總有一種格格不入的感覺。於是，他毅然決然地辭官返鄉，他失去了功名利祿，失去了工作，沒有了養家糊口的依靠，但是卻毫無遺憾和留戀。「採菊東籬下，悠然見南山」，精神上的這種得意和輕鬆，是任何物質的東西都難以取代的，陶淵明不被世俗所束，捨棄物質利益，放飛心靈的偉大壯舉，千百年來，令多少人「高山仰

止，心嚮往之」。

當我們在得與失之間徘徊的時候，只要還有選擇的權利，那麼，我們就應該以自己的心靈是否能得到安寧為原則。只要我們能在得失之間做出明智的選擇，那麼，我們的人生就不會被世俗淹沒。

有一種堅強叫放棄

勇於接受「失去」的現實是正確的人生態度，但這還只是一種被動的接受，擁有大智慧、大勇氣的人還會更上一層樓，在必要的時候，他會主動放棄 —— 即使這種放棄的代價如此之大。

從前，有一隻老虎在山林中捕獵，不小心踩中了獵人布下的獸夾，牠的一隻爪子被獸夾牢牢地夾住了，怎麼掙扎也拔不出來。老虎又痛又害怕，害怕是因為如果一會獵人來了，牠只能束手就擒，一點反抗能力都沒有。老虎越想越急，最後沒有辦法，只能咬斷了自己的爪子，才得以脫身。

放棄一隻腿而保全一條生命，這是一種智慧。人生亦應如此，在生活強迫我們必須付出慘痛的代價以前，主動放棄部分利益而保全整體利益是最明智的選擇。智者說：「兩弊相衡取其輕，兩利相權取其重。」趨利避害，這也正是放棄的本質。

27 歲的李斯金一個人來到猶他州藍約翰峽谷登山。藍約翰峽谷位於猶他州東南部，人跡罕至，風景絕美。李斯金在攀過一道 3 英尺寬的狹縫時，一塊巨大的石頭擋住了去路。李斯金試圖將這塊巨石推開，巨石搖晃了一下，猛然地向下一滑，將李斯金的右手和前臂壓在了旁邊的石壁上。

忍著椎心蝕骨的劇痛，李斯金使勁用左手推巨石，希望能將手臂抽出來，然而石頭彷彿扎根一般紋絲不動。在做了無數次努力之後，精疲力竭的李斯金終於明白，單憑自己一個人的力量，絕不可能推動巨石，只能保存精力等待救援了。

然而，在接下來的幾天裡，別說是人，就連鳥也沒飛過一隻，他就這樣吊在懸崖上。沒有食物，李斯金每天只能喝水。當壺中的最後一滴水也被他喝光時，飢腸轆轆、渾身無力的李斯金終於明白，他所在的地方太過偏僻，即使有人為他的失蹤而報警，救援人員也不可能找到這個地方。再等下去只能是死路一條，想活命的話只能靠自己了。

李斯金心裡清楚，把自己從巨石下解救出來的唯一辦法就是斷臂。而除了簡單的急救包紮，他並不知道如何進行外科自救。於是，他清理了一下手邊的工具 —— 一把 8 公分長的折疊刀和一個急救包，沒有麻醉劑，沒有止痛、止血藥，超常的疼痛和所冒的風險可想而知，不過李斯金已經別無

選擇了。由於刀子過鈍，在難以形容的疼痛和失血的半昏迷狀態下，李斯金先折斷了前臂的橈骨，幾分鐘後又折斷了恥骨……整個過程大約持續了一個小時。

由於大量失血，李斯金近乎昏厥，然而他仍堅持著，從身旁的急救箱中取出殺菌膏、繃帶等物，幫自己被切斷的右臂做緊急止血處理。李斯金甚至還想把斷臂從巨石下取出來。血止住後，李斯金決定徒步走出峽谷。他所困之處，是一個陡峭的岩壁，距峽谷底部有 25 公尺高，上來容易下去難，尤其是在剛切斷一隻手臂之後。不過這沒有難倒他，他用登山錨將繩子固定在岩壁上，用左手抓住繩子，順著岩壁滑下去。

在下山的路上，李斯金看到了他的自行車，但他根本不可能騎著它下山了。在跌跌撞撞走了大約 7 英里後，兩名旅遊者發現了如血人一般的李斯金，明白發生了什麼事後，他們立刻報警。不久後，一架救援直升機將李斯金送到最近的醫院。

當直升機到達莫阿布市的艾倫紀念醫院時，李斯金居然謝絕別人的幫助，自己走進急救室。隨後他又被送到聖瑪麗醫院。

參加救援行動的米奇‧維特里駕駛直升機再次飛回藍約翰峽谷，希望找回李斯金被截去的半條手臂，也許醫生還可

以為李斯金重新進行接肢手術。然而，當維特里找到那塊石頭時，他發現石頭實在是太重了，根本無法移動。

　　事實上，在李斯金失蹤 4 天之後，他所在的登山車公司的老闆便向警方報了警，警方的直升機也在附近進行了搜尋，但警方從空中根本不可能發現他被困的地方。他能活下來，完全是因為他有強烈的求生欲望。

　　從生存的勇氣到斷臂自救的方式，李斯金給人類的啟示是多方面的，其中最重要的一點就是在人生緊要關頭，在決定前途命運的關鍵時刻，我們不能猶豫不決，不能徘徊徬徨，而必須勇於了斷、放棄。放棄有時就是一種珍惜，放棄了一棵樹木，我們卻能夠得到一片森林。

拿起該拿起的，放下該放下的

　　有一天，坦山和尚在準備拜訪一位他仰慕已久的高僧，高僧是幾百公里外一座寺廟的住持。早上，天空陰沉沉的，遠處還不時傳來陣陣雷聲。

　　跟隨坦山和尚一起出門的小和尚猶豫了，輕聲說：「下大雨了，還是等雨停後再走吧。」

　　坦山和尚連頭都不抬，拿著傘就跨出了門，邊走邊說：「出家人怕什麼風雨。」

　　小和尚沒有辦法，只好緊隨其後。兩人才走了半里山路，大雨便傾盆而下。雨越下越大，風越刮越猛，坦山和尚和小和尚共撐著一把傘，頂風冒雨，相互攙扶著，深一腳淺一腳艱難地前進著，走了半天也沒遇上一個人。

　　前面的道路越走越多泥潭，幾次小和尚都差點滑倒，幸虧坦山和尚及時拉住了他。走著走著，小和尚突然站住了，兩眼愣愣地看著前方，好像被人施了定身法似的。坦山和尚順著他的目光望去，只見不遠處的路邊站著一位年輕的女孩。

　　這真是位難得一見的美女，圓圓的瓜子臉上有兩道彎彎的黛眉，長著一對晶瑩閃亮的大眼睛，挺直的鼻梁下是一張鮮紅欲滴的櫻桃小嘴，一頭秀髮好似瀑布披在腰間。然而她此刻秀眉微蹙，面有難色。原來她穿著一身嶄新的布衣裙，腳下卻是一片泥潭，她生怕跨過去弄髒了衣服，正在那裡煩惱呢。

　　坦山和尚大步走向前：「女孩，我來幫你。」說完，他伸出雙臂，將女孩抱過了那片泥潭。

　　之後一路上，小和尚一直悶悶不樂地跟在坦山和尚身後走著，一句話也不說，也不要他攙扶了。

　　傍晚時分，雨終於停了，天邊露出了一抹淡淡的晚霞，

坦山和尚和小和尚找到一個小客棧投宿。

直到吃晚飯，坦山和尚洗腳準備上床休息時，小和尚終於忍不住開口說話了：「我們出家人應當不殺生、不偷盜、不淫邪、不妄語、不飲酒，尤其是不能接近年輕貌美的女子，您怎麼可以抱著她呢？」

「誰？哪個女子？」坦山和尚愣了一愣，然後微笑了，「噢，原來你是說我們路上遇到的那個女子。我可是早就把她放下了，難道你還一直抱著她嗎？」

小和尚頓悟。

生活就是放下和拿起，關鍵是什麼該放下，什麼該拿起，不該放棄的絕對不能放棄，該放下的一定要放下，這是做人的原則。

實際上，生活原本是有許多快樂的，只是我們常常自尋煩惱，白白增添許多的愁緒。為什麼會這樣呢？因為我們只知道拿起，不懂得放下──我們有太多的雜念，太多的野心，太多的想法，太多的欲望……。

有一個聰明的年輕人，很想在各個方面都比他身邊的人強，他特別想成為一名偉大的學者。可是，許多年過去了，他的其他方面都不錯，學業卻沒有長進。他很苦惱，就去向一位大師求教。

大師說：「我們登山吧，到山頂你就知道該如何做了。」

那山上有許多晶瑩的小石頭，很是迷人。每見到他喜歡的石頭，大師就讓他裝進袋子裡背著，很快，他就吃不消了。「大師，再背，別說到山頂了，恐怕連動也不能動了。」他疑惑地望著大師。「是呀，那該怎麼辦呢？」大師微微一笑：「該放下，不放下，背著石怎麼能登山呢？」

年輕人聽聞一愣，忽覺心中一亮，向大師道了謝走了。之後，他一心做學問，進步飛快，最終成為一名偉大學者。人要有所得必要有所失，只有學會放棄，才有可能登上人生的極致高峰。

不能全部享有，就選擇最需要的那部分。

第一章　患得者得不到，患失者必失去

第二章
做出有限的退讓，獲得無限的空間

　　捨得的一種表現形式是退讓。不管是利益之爭還是意氣之爭，肯退讓都意味著願意捨棄本該屬於自己的東西。在生活中，我們看到更多的是爭，為了蠅頭小利或口舌高下爭個頭破血流，以至於兩敗俱傷。而善於退讓、捨得退讓的人，則可以兵不血刃地達到自己的目的。

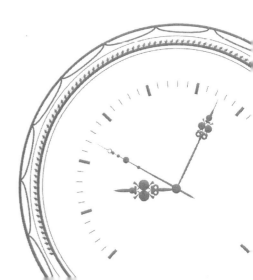

妥協是不能不具備的人生智慧

　　工作、生活中，絕對的公平、完全的意見一致是難以達到的，為了創造一個和諧的生存環境，每個人都需要有所捨棄，在適當的妥協中追求目標的實現。

　　清末大臣張之洞深刻理解「小不忍則亂大謀」的道理，所以他常常不逞一時之強，而委屈自己適應現實的需求，等到時機成熟後，再充分發揮自己的才能，來實現自己的理想，從而達到建功立業的目的。張之洞在自己的一生中，雖然在大多數情況下都堅持己見，勇於以硬碰硬，不向異己屈服，但他畢竟是個聰明人。因此他也善於因時順勢，目光長遠，勇於妥協。

　　雖然他與李鴻章早有嫌隙，在政見上多有不同，也看不慣李鴻章一味地對外求和的為政策略，更看不起李鴻章不顧全大局，始終維護自己淮軍的局部利益的做法，但他同時也深知：李鴻章畢竟位高權重，自己如果一味地同他僵持下去，兩個人之間就會由嫌隙轉化為比較大的矛盾，那樣對自己的前途將大為不利。於是，他想只要不是重大問題，自己還應該對李鴻章虛與委蛇，盡量不貿然得罪他。所以，他在李鴻章母親八十壽辰時就送過壽文，李鴻章本人七十壽辰時，他更是兩天三夜幾乎沒有睡覺，寫了一篇洋洋灑灑的壽文送給

李鴻章。在壽文中，張之洞極盡能事地推崇李鴻章，讚揚李
鴻章文武兼備，既飽學博識，文才蓋世，又運籌帷幄，統領
千軍萬馬，鎮守著祖國邊疆。這篇約 5,000 字的壽文成為李
鴻章所收到的壽文中的壓卷之作，琉璃廠書商將其以單行本
複刻，一時洛陽紙貴。張之洞對與李鴻章的這種關係的處理
方式，包含著聰明人高超的智慧。

　　忍耐、克制不僅是安家治國平天下的策略，更是一種主
動的人生智慧。張之洞對待帝師翁同和的態度與他對待李鴻
章有異曲同工之妙。戊戌變法的時候，雖然他在許多方面對
翁同和的變法主張和內容持不同意見，但他知道光緒帝對翁
同和深為信任，他曾致函「貴為帝傅」的翁同和，讚揚他博
學多識，深諳儒學之精髓，而且通達時務，為時代之俊傑。
張之洞在信中還稱讚他務實的策略，提倡維新變法，以達到
富國強民的目的，所以自己非常仰慕翁同和。如果能有為翁
同和的維新變法效力的機會，自己一定會盡全力去做。

　　學會妥協，善於取捨，是成大事者必備的要素。成大事
者，需要在小事、小利上面忍讓一些；在大事、大利上面要
堅持一些，爭取一些，這樣才能取得並維持大事、大利。

如果你能以退讓開始，就能以勝利告終

　　都說「逢橋須下馬，過渡莫爭船」。人生在世，為人處世要學會退讓。讓則通，通則順，一順百順，順風順水，順心順利。退讓，是一種智慧，是一種藝術，更是一種走向成功的謀略。

（1）欲揚先抑，以退為進

　　赫蒙是美國著名的礦冶工程師，畢業於耶魯大學，又在德國的佛萊堡大學拿到了碩士學位。可是當赫蒙帶齊了所有的文憑，去找美國西部的大礦主赫斯特的時候，卻遇到了麻煩。那位大礦主是個脾氣古怪又很固執的人，他自己沒有文憑，所以就不相信有文憑的人，更不喜歡那些文質彬彬又特別愛講理論的工程師。當赫蒙前去應徵並遞上文憑時，本以為老闆會樂不可支，沒想到赫斯特很不禮貌地對赫蒙說：「我之所以不想用你，就是因為你曾經是德國佛萊堡大學的碩士，你的腦子裡裝滿了一大堆沒有用的理論，我可不需要什麼文縐縐的工程師。」聰明的赫蒙聽了不但沒有生氣，反倒心平氣和地回答說：「假如你答應不告訴我父親的話，我要告訴你一個祕密。」赫斯特表示同意，於是，赫蒙對赫斯特小聲說：「其實我在德國的佛萊堡大學並沒有學到什麼，那三年就好像是糊里糊塗地混過來一樣。」想不到赫斯特聽了笑嘻

嘻地說：「好，那明天你就來上班吧。」就這樣，赫蒙運用了必要時以退為進的策略，輕易地在一個非常頑固的人面前通過了面試。

赫蒙他貶低的是自己，他自己的學識如何，當然不在於他自己的評價，就算把自己的學識抬得再高，也不會使自己真正的學識增加一分一毫；反過來，貶得再低，也不會使自己的學識減少一分一毫。

成功的第一步，便是讓自己的利益和意圖絲毫不露，讓對方因為你能投其所好而情願做你要他做的事。尊重並突顯別人的觀點和利益，這是我們欲求他人合作的最有力的法寶。人們常常不會正確地使用這一法寶，是因為他們忘記了，如果我們過分強調自己的需要，那別人對此即便本來是有興趣的，最後也會改變態度。

以退讓開始，以勝利告終，是做人學問中不可多得的一條錦囊妙計。你先表現得以他人利益為重，實際上是在為自己的利益開闢道路。在做有風險的事情時，冷靜沉著地讓一步，尤其能取得絕佳效果。

（2）讓人三分不為懦

美國前總統馬辛利，因為用人問題，遭到一些人的強烈反對。在一次國會會議上，有位議員當面粗魯地罵他。他極

力忍耐，沒有發作。等對方罵完了，他才用溫和的口氣說：「

　　你現在怒氣應該消了吧，照理你是沒有權利這樣責問我的，但現在我仍然願意詳細解釋給你聽⋯⋯。」他的這種讓人姿態，使那位議員羞紅了臉，矛盾立即緩和下來。試想，如果馬辛利得理不讓人，利用自己的職位和得理的優勢，咄咄逼人進行反擊的話，那對方是絕對不會服氣的。由此可見，當雙方處於尖銳對抗狀態時，得理者的忍讓態度，能立即「降溫」對立情緒。讓人三分不是懦弱的表現，而是只有真正的強者才能做到的事。

（3）退讓之道的「臺階法」

　　生活中常有一些人特別固執己見，十分容易為一些小事情與別人爭論，而且充滿火藥味。這時候，得理的一方應當有饒人的雅量，他可以一面解釋一面從中協調，最好使用不帶刺激性的「各打五十大板」或者「你好我好」的語言形式，以避免衝突的擴大。有一位先生，一次上岳父家吃飯，進餐時，兩人聊起了一條高速公路的修建問題。那位先生強調：公路的進度一再推遲，是相關單位的一個嚴重錯誤；而岳父則不同意，認為公路本來就不該興建。兩人你一言我一語，爭論漸趨激烈。後來岳父把問題扯到「年輕人自私心重，沒有環保意識」上面，顯然是在批評那位先生。那位先生怕再爭論下去傷了和氣，便開始緩和下來，他婉轉地說：「可能我

們的看法永遠也不會一致，可是，那沒有什麼，也許我們都
是對的，也許我們都是錯的，這也是未知的事。」那位先生
的一席話，不僅給自己臺階下，也給爭論雙方打了圓場。避
免了雙方爭論不休，矛盾擴大，影響感情。試想，如果那位
先生意氣用事地與岳父爭論下去，結果會如何呢？很可能惹
火老岳父，被臭罵一頓。

（4）以柔克剛，對付蠻橫人士

面對蠻橫無理者，得理者若只用以惡制惡的方式，常常
會上對方的當。這時候，平息風波的較好方式，莫過於得理
者勇敢地站出來，以自責的方式對抗惡人惡語，以柔克剛。
有一個店員，遇到一個中年男子來退一個電鍋。那個鍋已經
用得半新半舊了，他卻粗聲粗氣地說：「我用了一個多月就壞
了，這是什麼爛貨？你再給我換一個！」店員耐心地解釋，
他卻大吼大叫，並滿口髒話地說「我來了你就得給退，光賣
不退算什麼！」店員雖然有理，但為了不使爭吵繼續下去，
便溫和地對他說：「這種電鍋已經使用一段時間了，按規定是
不能退的。可是你執意要退，那就乾脆賣給我好了。」就在
店員掏錢的時候，那個粗暴的男顧客臉紅了，他終於停止了
爭吵，悄然離去。顯然，營業員的寬容與自責方式發揮了良
好作用。因為它反襯出對方的無理和粗魯，從而從容地制止
了事態的擴大。

　　說到底，退讓是一種處世藝術，但只有對取捨之道有所領悟的人才能掌握這門藝術，也才能在人生進退的掌握中立於不敗之地。

退卻是進攻的第一步

　　從處理事物的步驟來看，退卻是進攻的第一步。現實中常會見到這樣的事：雙方爭鬥，各不相讓。最後小事變為大事，大事轉為禍事，這樣往往導致問題不能解決，反而落得個兩敗俱傷的結果。其實，如果採取較為溫和的處理方法。先退一步，使自己處於比較有利的地位。待時機成熟，便可以以退為進，成功地達到自己的目的了。

　　何為退呢？如在戰場上，當情勢對我軍不利，如果全力攻擊也可能不奏效時，就應採取退卻的方法。軍事家指出，學會退卻的統帥是最優秀的統帥，戰而不利，不如早退，退是為了更好的勝利。

　　從人生的態度來看，退卻有時也是一種進攻的策略。現代社會中，「以退為進」表現自我，也不失為一種良好的方法。

　　有一位電腦博士，畢業後找工作，結果好多家公司都不錄用他，於是他拿掉學歷去求職，很快地，他就被一家公司錄用為軟體工程師。不久，老闆發現他能看出程式中的錯

誤，非一般的軟體工程師可比，這時，他亮出了學士學位證書。過了一段時間，老闆發現他遠比一般的大學生要高明，這時，他亮出了碩士學歷。再過了一段時間，老闆覺得他還是與別人不一樣，就「質問」他，此時，他才拿出了博士的證書。於是，老闆毫不猶豫地重用了他。

可見，以退為進，由低到高，這是一種穩妥的進攻之術。

石橋正二郎是日本著名的大企業家，在他所寫的《隨想集》一書中，記述了這樣一件事。「二戰」後，在位於京橋的石橋總公司的廢墟中，有十多家違章建築。因此，律師顧問提出，若不及早下令禁止的話，後果將不堪設想。但在當時的情境下，如果硬性要求那些違章戶立即搬走，必定會招致他們堅決的反對和拒絕。石橋公司沒有出此下策，石橋夫人還來到現場和那些違章戶談話。對他們說：「你們的遭遇實在值得同情，那麼，你們就暫時住在這裡，先多賺點錢，等公司要改建大樓時，再搬到別的地方去吧。」她這樣專程地去拜訪那些違章戶，並且贈送慰勞品，如此體貼別人的難處，使那些居住在違章建築內的人，內心十分感動。因此，當石橋大樓真的開工時，這些人不僅不再抱怨，而且還心懷感激地遷到別的地方去住了。

「以退為進」有時候能獲得極佳的效果。西元 1812 年 6 月，拿破崙親自率領 60 萬步兵、騎兵和炮兵組成的軍隊，攻

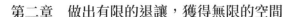

打俄國。俄國用於前線作戰的部隊僅 21 萬人，處於明顯的劣勢。俄軍元帥庫圖佐夫根據敵強己弱的局勢，採取後發制人的策略，實行戰略退卻，避免過早地與敵軍決戰。在俄軍東撤的過程中，庫圖佐夫指揮部隊採取堅壁清野、襲擊騷擾等種種方法，打擊遲滯法軍，削弱法軍的進攻氣勢。9 月 5 日，俄軍利用博羅季諾地區的有利地形，對敵軍進行了有力的攻擊。接著，又將莫斯科的軍民撤出，讓一座空城給法軍。10 月中旬，法軍在莫斯科受到嚴寒和飢餓的巨大威脅，不得不撤退。此時，庫圖佐夫抓住戰機反擊，將法軍大敗。幾十萬法軍，倖存者只有 3 萬人。

有時候，表面的退讓只是一種隨機的策略，為了追求更高的目標做出一些退讓是身為善於變通之人的成熟表現。

懂進退可以大事化小、小事化了

有的人喜歡炫耀自己解決問題的能力，其實有一種能力更加可貴，就是以適當的退讓姿態，把事情、爭端消弭於無形的能力，這或許就是老子所提倡的「無為而治」吧。

在有矛盾糾紛時，退讓能夠將大事化小，小事化無，使雙方關係和平與融洽。

但還是有一些人因為種種原因，執意不退，當然只有自食其果了。

尼克森是個優秀的政治家，是我們極為熟悉的美國前總統。但就是這樣一位睿智的大人物，卻因在一個小錯誤上不肯退讓，最終親手毀掉了自己的政治前途。

1972 年，尼克森競選連任。由於他在第一任期內政績斐然，很得民心，而他的對手的閱歷和聲望都很難與他相匹敵，所以，大多數政治評論家都預測他會以絕對優勢獲得勝利。

然而，尼克森本人卻十分不自信，曾經的失敗造成他揮之不去的心理陰影，他極度害怕萬一出現的失敗。在這種潛意識的驅使下，他做出了令他後悔終生的事情。

他指派手下人潛入競選對手的總部 —— 水門飯店，在對方的辦公室裡安裝竊聽器。事發後尼克森阻礙調查，推卸責任，終於在選舉勝利後不久被迫辭職。

本來穩操勝券的尼克森，只因為不肯退讓一步，承認自己的錯誤，向眾人道歉，而將到手的勝利拱手讓出，斷送自己的大好前途。

如果因為躲避風雨，或者不小心走到人家的矮屋簷之下，為什麼不低個頭呢？低頭避過風雨是非，爾後再昂首挺胸而去，豈不是更好？暫時低個頭，才不至於落得頭破血流。

　　退讓就是一種捨棄，捨棄表面的尊嚴，贏得大局的優勢，尼克森的做事方式和最後結果證明：退讓有時是最好的解決問題的方式。

主角配角都要能扮演

　　有一種情形可能會令人難堪，這就是由主角變成了配角的時候。

　　這裡又有兩種情形。其中一種是去別處當別的主角的配角，另一種是和原來的配角對調。第一種還好說，頂多放下平日的架子就行，凡事謹慎小心而已。但第二種尤其令人難以釋懷。一個演員可以不同意當配角，甚至可以從此退出那個圈子。但是在人生的舞臺上，想要退出卻並不容易。

　　因此，當你由主角變成了配角時，不要悲嘆時運不濟，也不用懷疑有人暗中搞鬼，誰沒有身處低谷的時候。這時，不必悲憂，你只需要「心平氣和」，好好地去扮演你的配角角色，向別人證明你主角與配角都能演。這一點，有位賢者看得很是透澈：「進亦憂，退亦憂，然則何時而樂耶？」

　　有一家公司的人事部經理在離職之前，曾向公司推薦李霞代替自己，但最終坐在這個位子上的人卻是張麗麗。張麗麗在資歷、學歷和工作能力上都不如李霞。有人為李霞感到

不平，甚至慫恿她去找上級主管問個究竟。但李霞卻婉謝大家的好意，笑著說其實張麗麗有許多優點，活潑好學、聰明伶俐。

張麗麗為了得到這個職位使用了不高明的手段，所以心裡覺得愧對李霞。但李霞竟然不去追究這件事，在與張麗麗的交往中，仍保持著友善的態度。李霞的大度，令張麗麗既感到意外又深受感動。

第二年的薪資評比，李霞得到了最高的加薪幅度，身為人事部經理的張麗麗在其中當然有著舉足輕重的作用。不久李霞被提升為公關部的經理。

在職場上，你也許會碰到這種情況：你一直在努力工作，以為升遷只是遲早的事，可是上司公布了新職，由你的好同事擔任，你的感覺就如同一盆冷水澆下來。

這種境遇下，周圍的人們都視你為失敗者，向你投以憐憫的目光。他們在遇到你時，會欲言又止，彷彿不知如何表示憐憫，也不知如何與你攀談。在這樣的情況下，你必須盡快擺脫尷尬的情況，想辦法由被動轉為主動，以下的做法可供參考。

首先，恭賀好同事升遷，表示你的大度和支持。這一點很重要，表示你的為人態度，解除對方的戒備心理。同時，

工作上要像往常一樣專注和投入，但不要過分。此外，在其他同事面前保持開朗。

其次，不要向他人傾訴老闆對你曾有過的承諾，或者直接找老闆詢問，因為這樣會令老闆反感。

最後，辦公室的緊張壓力本來就使人容易變得猜忌、蠻橫、鬱悶、暴躁，這時的你，與其花費時間去貶低對手，急著跳出來表現自己，不如冷靜下來，想想怎樣經營更為和諧的人際關係，圓滿地完成每一項任務。如果能做到做事得體、待人有禮，表現落落大方，那麼你一定會爭取到那張對自己更為有利的牌。

還有種情況，那就是你這位好同事任職的職位，正好是你的主管。

與好同事一起工作應該是一件好事。可是，你或許有些不自在之感。一是因為平日雙方平等相處，如今卻要聽命於他，如果公事上沒有默契，就會影響私交；二是怕對你們有怨恨的同事會借機製造謠言，挑撥離間。

在這種情況下，「公私分明」是你應該堅持的原則。公事公辦，許多問題就會自然化解。在公司裡，只記著對方是上司，他對你有什麼要求，必須像以前一樣盡力而為，有許多事必須向他報告。遇到對方有出錯的地方，你應該誠懇地與

他商討，切忌不要私下討論。

身正不怕影子斜。既然行得正，不落人口實，人家又怎能離間你們的關係呢？即使有人無中生有，你無愧於心，又何懼之有？

當然，下班後，你還是有百分之百的自由，去與老同事、新上司進行私人約會，不必自己畫地自限。

總之，不管是進還是退，在任何情況下，都要保持平和從容。這一點是很重要的，如果你連配角都無法演好，那怎麼能夠讓人相信你還能夠演主角呢？

如果你能平和從容，好好地扮演你配角的角色，一樣會得到掌聲和認可的。

在工作中，只要主角配角都能演，你的這種彈性與從容肯定會贏得他人的尊重，你出色的表現自然會贏得再挑大梁的機會。

讓步正是為了進步

《老子》第三十六章：「將欲歙之，必固張之；將欲弱之，必固強之；將欲廢之，必固興之；將欲奪之，必固與之。」這句話體現出卓越的辯證思想。以退為進，欲擒故縱，便是其辯證思想的最好發揮。

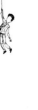

在軍事鬥爭上，進攻太急有可能激起敵人的瘋狂反撲，有時有意讓敵方逃走，也可以達到削減他們兵勢的目的。緊緊地跟在逃敵之後，不要逼近他們，等到他們累得沒有力氣，鬥志也逐漸下滑，戰鬥力削弱或潰散時，一舉將其全殲，這樣便可以取得戰爭的最後勝利。

欲擒故縱，其意是為了捉住敵人，事先要放縱敵人。這是一種放長線釣大魚的計謀。

施行欲擒故縱之計，需要禁得起等待，忍得起，輸得起，絕不因小利小惠斤斤計較。「故縱」只是一時的權宜之計，即所謂的放長線釣大魚。這條長線必須要有韌性，而且還要收發於心，以等待時機成熟，將大魚釣起。

以退為進，欲擒故縱，在現實生活中也常被使用。我們可以這樣統整：以退讓為進取。退卻是為了蓄勢前進，讓步是為了獲取。因為主動退讓，一是可以鬆懈對手的防備警惕之心，緩解其攻勢和壓力；二是可以為自己贏得時間，積蓄能量，此外，還可以贏得外界的支援。然後，你可選擇有利環境和時機，順勢而行。

在與他人相處時，以退為進也是一種迂迴策略。在運用這種方法時，你看似要以對方的利益為重，實際上是在為自己的利益開闢道路。對於某些涉及風險的事情，這種方法常能得到很好的效果。

　　威爾遜剛剛任職州長之時，曾經參加了一次午宴，宴會的主席對大家介紹說：「威爾遜將成為未來的美國總統。」當然啦，這不過是主席先生的溢美之詞。

　　於是，威爾遜在稱頌之下站上了講臺，在簡短的開場白之後，他對眾人說：「我希望自己不要像下面故事中的人物一樣：在加拿大，一群遊客在溪邊垂釣，其中有一個叫做強森的人，壯著膽子飲用了某種具有危險性的酒。他喝了不少這種酒，然後就和同伴們準備搭火車回去了，可是他並沒有搭北上的火車，反而是坐上了南下的火車。於是，同伴們急著找他回來，就給南下的那趟火車的火車長發電報：『請將一位名叫強森的矮個子送往北上的火車，他已經喝醉了。』很快，他們就收到了火車長的回電：『請將其特徵描述得再詳細些。本火車上有 13 名醉酒的乘客，他們既不知道自己的姓名，也不知道自己的目的地。』而我威爾遜，雖然知道自己的姓名，卻不能像你們的主席先生一樣，確定我將來的目的地在哪裡。」在座的客人一聽都哄堂大笑起來，宴會的氣氛一下子變得愉快和活躍。

　　那些因聽了威爾遜的故事而發笑的人，絕大多數都認為，能夠讓人捧腹大笑的趣聞，通常都是源自說笑話的人的自我打趣。但是，難道威爾遜的用意僅僅是為了博人一笑嗎？當然不是。事實上，威爾遜是運用了一種非常有效的策

略，這就是以退讓為進取，犧牲個人的「自我」，以提升他人的「自我」，進而獲取眾人善意的支持，而且也把在這之前的隔閡消除了。

不少善於演講或競選的人，都會在和聽眾接近之時，故意拿自己開玩笑或是不惜批評自己，讓聽眾感到輕鬆和愉快。演講人採取這種說話方式，是為了讓聽眾產生優越感，因而普遍地激起同情、愛護和支持的感情。

再譬如，對於大多數在公司工作的人來說，獲得升遷加薪雖然不是唯一目的，但是一個非常重要的目的。為了達到這一目的，有時候我們可以採取向老闆提出要求的方法。可是，自己主動要求升遷加薪，對於每個員工來說，都是一種極其尷尬的事情。如果處在這種關口，你就會產生下面三種心理壓力：

1. 萬一被拒絕了怎麼辦？
2. 應該怎樣開口，而老闆又會怎麼說？
3. 如果此事過後，老闆開始對你挑剔，怎麼辦？

在這種關口，以退為進是一種正面有效的策略，可以採取辭職不做的辦法。

在運用這種策略的時候，一定要具備必要的條件，即要有自知之明。如果你是一位表現傑出的員工，採取這種方法

將能順利地達到你的目的；如果你是表現一直平庸、沒有多少業績的員工，則不要輕易嘗試這種方法。因為老闆正巴不得你走，既然你自己提了出來，他就會做「順水」人情。

運用這種策略的最佳時機，是當你擁有另一份待遇或待遇更高的工作機會的時候。

生活中有些固執的人，往往堅持己見，不懂得進退之道，有時候即使是自己錯了，也不肯承認、讓步。其實，別說你的觀點錯誤，即便你真的是正確的，也不妨做一些讓步：人們最終將會承認你是對的，並稱道你的寬宏大量。要知道，固執給你帶來的損失，會超出在爭辯取勝時，你所得到的利益。

屈服不是盲目，退卻不是軟弱

一束細篾編織成拳頭大小的籠子，籠子尾端是入口處，一圈輕而薄的篾瓣，向裡面形成一個漩渦狀茬口。黃鱔被籠裡的誘餌吸引了，就從那篾縫裡鑽進去，但是牠在籠子裡面沒辦法轉身，於是被收籠子的人提起來，沒有一條能夠逃脫。

其實這籠子什麼機關也沒有，只有入口處那一圈篾瓣。牠是利用黃鱔尾部的敏感，只要一觸到硬物，整個身體就向前遊動這一特性，斷了黃鱔的後路。假如黃鱔勇敢朝後

退一步，那麼就沒有任何一條黃鱔，會被關進籠子而束手就擒了。

　　當初黃鱔是怎麼進來的呢？當然是頂著篾瓣鑽進來的，因為那時誘餌在前，就什麼也顧不了了，硬著頭皮往前鑽。等到後退的時候，篾瓣的尖梢一根根扎在尾上，牠不知道後面那堅硬的是什麼東西，退下去會有什麼結果，所以一觸即縮，怎麼樣也鼓不起勇氣向後退，就只好在籠裡一直待下去。

　　置身險境而不敢退一步，這類現象在動物界並不鮮見。然而作為高等動物的人也常犯這類錯誤，甚至將自己逼上了絕路，這就不能不令人感到遺憾了。

　　一味地比權量力，好勇鬥狠，最後只能導致兩敗俱傷。如果明智地讓步，有時會取得意想不到的效果。當然，這種讓步不是盲目的屈服，更不是軟弱的退卻，而是在分析了可行性的基礎上，作出的理想選擇，尤其是當我們遇到不可理喻的對手的時候。

　　我們來看一個聰明人的例子。

　　義大利藝術家米開朗基羅被世人公認的最偉大的作品，應該是他的大理石雕刻大衛像。可是各位是否知道，當米開朗基羅剛雕好大衛像的時候，負責這件事的官員跑去一看，

竟然不滿意。「有什麼地方不對嗎?」米開朗基羅問。「鼻子太大了!」那位官員說。「是嗎?」米開朗基羅站在雕像前看了看,大叫一聲:「可不是嗎?鼻子是大了一點,我馬上改。」說著就拿起工具爬上架子,叮叮噹當地修飾起來。隨著米開朗基羅的鑿刀,掉下好多大理石粉,那位官員不得不躲開。隔了一會,米開朗基羅修好了,爬下架子,請那位官員再去檢查:「您看,現在可以了吧!」官員看了看,高興地說:「是啊!好極了!這樣才對啊!」送走了官員,米開朗基羅先去洗手,為什麼?因為他剛才只是偷偷抓了一小塊大理石和一把石粉,到上面做做樣子。從頭到尾,他根本沒有更動原來的雕刻。

也許這樣做有點違心,好像有失一位大藝術家的尊嚴,但是,各位想想:如果米開朗基羅不這樣做,而是跟那位官員爭論,會有這麼好的結果嗎?顯然退讓能夠免除我們不必要的麻煩,實現我們的終極目標。

留給自己的餘地越大越從容

退讓的另一種表現方式就是虛心,虛心不是無能和自我封閉,而是在堅信自己力量的同時所表現出來的寬厚。知識淵博的成功人士往往虛懷若谷。他們所具備的冷靜、敏銳、謙遜是成功的前提和基石。

　　小波在一家公司當會計，平時不愛說話，默默地做著分內的事。一次，市區舉辦唱歌比賽，小波所在公司的報名者寥寥無幾，主管很著急，說服員工踴躍參加，可是能一展歌喉的人實在很少，主管心有餘而力不足。

　　這時，小波說：「我報名。」同事們都驚訝了，問她：「你行嗎？我們可從沒聽你唱過歌。」

　　小波笑笑說：「我就是業餘水準，湊湊熱鬧而已。」

　　令公司的同事震驚的是，小波在歌唱比賽中鶴立雞群，水準超出所有參賽選手一大截，獲得了第一名。立刻，小波成了公司裡的明星人物。

　　同事們驚訝而佩服地說：「我們與小波在一起工作這麼多年，怎麼一直沒發現她還有這麼好的歌喉。」

　　「大智若愚，大巧若拙。」明智之人不會炫耀，只會以自己的成績讓人信服。

　　相反地，自滿自得、自我感覺良好的人，實際上是最平庸的人，他們的小聰明總讓自己陶醉在令人可憐的幸福中。

　　總說自己行的人，要不是因為太自大，就是因為太自卑。

　　任何人都希望自己的聰明能得到人們的認可，但施展聰明要適可而止，不要給人狂妄的感覺。話說得過多，就是一種爭論；事做得過頭，就是一種賣弄。

鄒傑到一家新公司上班，總擔心主管和同事們小看自己，不時拐彎抹角地誇耀一下自己的才能。

鄒傑從上班的第一天開始，就把複讀機掛在腰間。同事們問他英語水準怎麼樣，他大言不慚地說：「我現在的英語能力，足以和外國人流利地交談。」

鄒傑為了讓同事們相信他的英語口說好，總是在和別人說話時夾雜一些英語單字。

一次，公司有位來談業務的美國人，剛好翻譯出去辦理業務，經理英語又不是特別好，正在著急之際，有人推薦讓鄒傑來試試。經理找到鄒傑，鄒傑一口答應，還保證絕對沒問題。

結果生意沒做成。原因是美國人說的每一句話，鄒傑都請他再重複幾遍，而且還要思考很長時間才能大概理解。美國人認為和這樣的公司打交道太累便告辭了。緊接著，鄒傑也被開除了。

「大膽傲慢的人，常被生活的不幸打倒。」動輒口出狂言、言過其實的人，會把自身的知識、思想貧乏暴露得一覽無遺。過猶不及，誇大其詞，反而使自己說的話變成了謊言，這會破壞你原本的智慧和品味，使你成為曇花一現般的人，落到狼狽不堪的處境。

「一個懦夫穿著英雄盔甲，這有什麼光榮？」不要成為一個自高自大的人，那將會孤立自我，失去別人對你的尊重，斷送你的前途。擺正與他人的關係，有張有弛地展現實際價值，虛心接受真理，掌握人生的航道不偏離，這樣，你才能從從容容。

虛心不是無能和自我封閉，而是在堅信自己力量的同時，所表現出來的寬厚。知識淵博的成功人士往往虛懷若谷。他們所具備的冷靜、敏銳、謙遜是成功的前提和基石。

不爭，不足以立志；不讓，不足以成功

他締造了一個屬於自己的江湖 —— 這位有名的小說家，是萬千讀者追隨的偶像。然而，他除了有驚世駭俗的才華，更有著超越常人的處世智慧和寬廣胸襟。

經過多年艱辛的打拚之後，他終於在文壇擁有了自己的一席之地。武俠小說的一代宗師金庸先生更是對他推崇不已。兩人認識之後，就常常結伴出遊。後來，他因為一些債務原因，手頭有些拮据，金庸先生便幫他聯絡了一個日本的出版商。對方非常欣賞他的才華，便邀請二人當面晤談。

雙方見面之後，會談並沒有想像中那麼順利。因為文化的差異，彼此先是在討論文學創作上有了分歧，接著，這位

小說家發現對方在客氣的外表下，總是有著一股傲慢，尤其是對中國當代文學很看不上眼。場面有些尷尬，他的話越來越少，漸漸沉默起來，只剩金庸先生大度地微笑著，試圖緩和緊張的氣氛。

酒過三巡，對方的興致漸漸高昂起來，不停地催服務生上清酒。然而他和金庸兩人都有些不勝酒力了，便開始推辭。沒想到對方突然露出了鄙夷的神色，一語雙關地說：「你們這裡的小說家也不過如此嘛！」

金庸急忙轉過頭，緊張地看著血氣方剛的朋友。讓金庸沒想到的是，他並沒有暴跳如雷，而是微笑著緩緩說道：「這麼小的杯子怎麼能盡興呢？來，換臉盆喝！」說著，他親自拿來三個臉盆擺在大家面前，然後用清酒倒滿自己面前的臉盆，高高舉起。「乾杯！」說著，他端起臉盆，仰頭就喝了起來，坐在一旁的金庸驚訝得說不出話來，日本出版商更是傻了眼。古龍喝到一半，對方連忙跑過來拉住他，嘴裡不停地說：「先生，我佩服你！不要再喝了！」

事後，日本出版商再也沒有過傲慢的表現。金庸悄悄問酒醒後的朋友，真的能喝得下那麼多酒嗎？古龍傻笑著告訴他，其實自己也喝不了那麼多酒。只是他一直覺得，對善待自己的人，自己就必須善良以待；對輕視自己的人，就必須堅決反擊，何況這事關作家的尊嚴和國家感情。

　　從那之後，金庸先生不止一次地在大家面前提起這件事情，並且一再表示，他身上的俠義精神讓他一生都無法忘記。

　　隨著這位小說家名氣日漸增加，他的作品也越來越炙手可熱。在利益的驅使下，很多人開始效仿他，挖空心思，想方設法利用他的名氣為自己謀利，甚至有人開始冒充他的名字寫小說。

　　一天午後，有人在市場上發現了幾本冒充他的新作的小說。盛怒之下，便立刻買下了幾本，氣呼呼地來到他的家裡。

　　沒想到，一向爭強好勝的小說家並沒有生氣，反而津津有味地讀了起來。讀了一會，他輕輕放下書，什麼也沒說。坐在一旁的人忍不住了，問他為什麼不追究。他則微笑著告訴對方：「這本小說的風格，我一看就知道是誰寫的。我也非常反感這些抄襲模仿、假借之筆的齷齪行為，可這個作者我認識，他的家境非常貧寒，不過是以此來糊口罷了。如果我去舉報他，那他全家人都可能餓肚子。得饒人處且饒人，何況他的原因很特殊；再說，他的文筆很不錯，我不忍心就讓他這樣毀在我手裡。」對方聽完他的話，敬佩不已。

　　不僅如此，他還特別留意冒充自己寫小說的作者當中才華出眾的，並且想方設法幫助他們。在他的幫助下，很多年

輕人嶄露頭角,而且都和他成了朋友。

正因為這種博大的胸懷,使得在他之後,緊接著有一批新的優秀小說家。也正因為如此,雖然他已不在世間,他卻在很多受過他幫助的人心中,延續著自己的生命,並將這份豁達與博愛繼續傳遞下來。

小說家的爭,不是莽夫之爭,而是血性之爭,為自身尊嚴而爭,為國家榮譽而爭;他的讓,不是懦弱退縮,而是心懷博愛,不計小利,為更多有才華抱負的人提供機會,更加讓人佩服一生一世。血性與寬容,是蒼鷹的兩隻翅膀,不爭,不足以立志,不讓,不足以成功。

識時務者為俊傑

有句話說得好,理想是美好的,現實是殘酷的,一個人如果總想著「我要怎麼樣」,而不是多想想「我應該怎麼樣」,必然在現實的「羊腸小路」上頭破血流。古人所說的「識時務者為俊傑」大概也是這個意思。

事情是複雜多變的,感情常常左右人們的理智,使人們對複雜多變的情勢做出錯誤的分析和判斷。因此,一個被感情左右的人,一定是一個不成熟的人,所以在做選擇時,要理智分析。正所謂:「識時務者為俊傑。」

　　1965 年，45 歲的作家馬里奧·普佐（Mario Puzo）完成了他的第二部小說。

　　作為一個追求純文學藝術的作家，他看起來還算順利，作品受到了一些好評。如果這樣寫下去，他可能會漸漸地成為一個比較有影響力的純文學作家。但此時，普佐已經債務纏身，連最基本的生活都有困難。於是，他調轉航向，放棄了創作的初衷，改寫通俗類小說。3 年後，《教父》一書出版，創造了當時的銷售紀錄。

　　1970 年，30 歲的藝術電影導演法蘭西斯·科波拉（Francis Ford Coppola），遇到了與普佐非常相似的窘境。

　　他執導的幾部藝術類電影票房幾乎顆粒無收，他甚至不知道自己究竟欠了哪些人多少債務。在走投無路之際，派拉蒙公司派人與他商談改編拍攝《教父》一事。這位追求藝術的導演匆匆地看了幾頁原作，就覺得倒胃口。但胃終究還是需要糧食的，為了生存，科波拉也選擇了另一條道路。不久，電影《教父》問世所取得的成功，可以說是電影史上的一個奇蹟。

　　兩個原本追求純藝術的人，面對現實卻創作出真正的經典作品。這樣的結果，肯定大大出乎他們的意料。

　　是不是只有面對現實，才能獲得真正的成功呢？這倒不一定。任何藝術，尤其是高雅藝術總是要與現實保持相當的距離，普佐和科波拉獲得意外的成功，並不僅僅是因為「媚」了「俗」，更重要的是，他們先前在追求藝術過程中所累積的「雅」。但不管怎麼說，正是因為他們因「時務」而改變了自己，才成就了兩個時代俊傑。

第二章　做出有限的退讓，獲得無限的空間

第三章
拿出過人的勇氣，抓住人生的機運

在我們周圍不乏這樣的人：遇到事情總是瞻前顧後、猶豫不決，錯過機會以後又總是後悔不已。乍看之下似乎是個性問題，實際上是害怕有所失的心態作祟。人生想要有所成就，就必須克服這種心態，拿出過人的勇氣，才不會在機運面前成為匆匆過客。

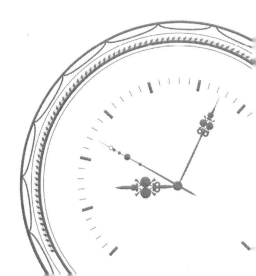

「不害怕」才能成人所不能成

　　人們在冷天游泳時，大約有三種適應冷水的方法。有些人先蹲在池邊，將水撩到身上，使自己能適應之後，再進入池子游；有些人則可能先站在淺水處，再試著步步向深水走，或逐漸蹲身進入水中；更有一種人，做完熱身運動，便由池邊一躍而下。

　　據說最安全的方法，是置身池外，先進行試探；其次則是置身池內，漸進地深入；至於第三種方法，則可能造成抽筋甚至引發心臟病。但是相反的，最感覺冷水刺激的也是第一種，因為置身較暖的池邊，每撩一次水，就造成一次沁骨的寒冷，倒是一躍入池的人，由於馬上要應付眼前游泳的問題，反倒能忘記了身體的寒冷。

　　與游泳一樣，當人們要進入陌生而困苦的環境時；有些人先小心地視探，以做萬全的準備；但許多人就因為知道困難重重，而再三延遲行程，甚至取消原來的計畫；又有些人，先一腳踏入那個環境，但仍留許多後路，看著情況不妙，就抽身而返；當然更有些人，心存破釜沉舟之念，下定決心，便全身投入，由於急著應付眼前重重險阻，反倒能忘記許多痛苦。

　　在生活中，我們該怎麼做呢？如果是年輕力壯的人，不妨做「一躍而下」的人。雖然可能有些危險，但是你會發現，

70

當別人還猶豫在池邊，或半身站在池裡喊冷時，那勇於一躍入池的人，早已自由自在地來來往往，把這周遭的冷，忘得一乾二淨了。

在陌生的環境，由於這種勇於一躍而下的人較別人果斷，比別人快，比別人勇於冒險，因此，能掌握更多的機會，所以往往是成功者。

沒有冒過險的生命，絕不會有精彩的人生篇章。現實世界的很多鬥爭都是勇氣的較量，常常是勇者得勝。只有具備一顆勇敢的心，我們才能激發出自身的潛能，什麼都不顧地衝向前方，甚至一鼓作氣地到達終點。歷史上最著名的戰役之一 —— 亞歷山大對大流士的阿貝拉會戰，就是一次勇於冒險帶來的經典戰役。

波斯王大流士三世在伊沙斯戰敗後，又另行招募了一支軍隊，精心選擇了廣闊的高格米拉平原作戰場，並將地面鏟平，移去了障礙物，以便大量使用騎兵。大流士三世把他的數十萬步兵、4 萬騎兵和 200 輛裝有鐮刀的戰車布成一個嚴格的方陣，按照軍隊的地區來源，排成了橫 3 行、豎 13 列的無數小方陣。大流士三世本人隨御林軍騎兵、15 頭戰象和 50 輛戰車排在最前列的中央，左翼前列是西提亞人和巴克特里亞人的騎兵及 100 輛戰車，右翼前列是亞美尼亞人和卡派多西亞人的騎兵及 50 輛戰車。騎兵部署在第一線，二線則全是步兵。

比起大流士三世的軍隊，亞歷山大的人馬就少得多，總共只有 4 萬步兵和 7 千騎兵。

以至於在決戰前，亞歷山大的部下都認為他們這是最後一次看到太陽升起。但是歷史上最偉大的帝王之一的亞歷山大認為：「最終決勝的將是領袖的勇氣。」

西元前 331 年 10 月 1 日，阿拉貝會戰開始。當馬其頓軍逐漸接近波斯軍時，亞歷山大並不直接向對方進攻，而是擾亂對方的陣形布局。大流士三世害怕在他預設戰場之外作戰，會使他的戰車失去作用。於是緊急命令左翼的前排部隊，趕快繞過馬其頓軍的右翼，迫使它停下來。

為了對付這次攻擊，亞歷山大調動了幾支騎兵，連續對波斯騎兵發動攻擊。雖然遭受重大損失，但馬其頓軍的紀律和勇氣也開始表現了出來，他們一個中隊又一個中隊，連續地向敵人衝鋒，終於將波斯騎兵擊退。接著，亞歷山大親率馬其頓騎兵，一起衝向敵軍。此時波斯軍由於左翼騎兵已經前進，所以在正面正好漏出一個空洞。亞歷山大就率領騎兵直向大流士三世的中央方陣衝去，這時，決定這場力量懸殊的比賽關鍵的一幕發生了。兵力是亞歷山大十倍的大流士害怕了，臨陣脫逃。

這次戰爭的結果，正如歷史書上所描述的那樣，以亞歷山大獲勝而告終。

　　所以，如果你遇到真正的強者而又沒有真正的勇氣，就算你有再強大的後盾，有再多的人站在你這邊，有再多的人在為你祈禱期盼，那也只會輸得像 2,000 多年前的大流士一樣難看。

　　狹路相逢勇者勝，如果沒有勇氣面對困難、挑戰困難，那麼你只有品嘗失敗的痛苦。只有那些有勇氣去冒險的人，才能品嘗到勝利的喜悅。

　　生活的戰鬥在大多數情況下都像攻占山頭一樣，如果不費吹灰之力便贏得它，就像打了一場沒有榮譽的仗。沒有困難，就沒有成功；沒有奮鬥，就沒有成就。困難也許會盯住懦弱的人，但對有決心和勇氣的人而言，它是一種受歡迎的刺激。

　　成功是不斷地向生活挑戰，向自己挑戰的累積，在挑戰中進步。如果一件事，你還沒做，就開始否定自己，這是否顯得過於草率呢？唯有你行動，向困難挑戰，才能發揮自己的創造力，找到自己的不足，從而為成功打下基礎。

　　有這樣一則寓言故事：

　　龍蝦與寄居蟹在深海中相遇，寄居蟹看見龍蝦正把自己的硬殼脫掉，只露出嬌嫩的身軀。寄居蟹非常緊張地說：「龍蝦，你怎麼可以把唯一保護自己身軀的硬殼捨棄呢？難道你不怕有大魚一口把你吃掉嗎？以你現在的情況來看，急流都會把你沖到岩石上去，到時你不死才怪！」

　　龍蝦氣定神閒地回答：「謝謝你的關心，但是你不了解，我們龍蝦每次成長，都必須先脫掉舊殼，才能生長出更堅固的外殼，現在面對的危險，只是為了將來發展得更好而做準備。」

　　寄居蟹仔細思考一下，自己整天只找可以避居的地方，而沒有想過如何令自己成長得更強壯，整天只活在別人的庇護之下，難怪自己的發展永遠受到限制呢。

　　大多數人都像寄居蟹一樣喜歡撿現成，走容易的路，以便節省力氣。精神與肉體都懶散的人，大多不喜歡改變現狀，不過他們也從來沒嘗到過勝利的狂喜。生命是由一連串的奇蹟與不可能組成的，未來會如何沒有任何人能掌握，勇於冒險才是生命的真諦。每個人都有一定的安全區，你想跨越自己目前的成就，請不要畫地自限，勇於接受挑戰充實自我，你一定會發展得比想像中還要好。

　　「衰老很重要的指標，就是求穩怕變。所以，你想保持年輕嗎？你希望自己有活力嗎？你期待著清晨能在新生活的憧憬中醒來嗎？有一個好辦法 —— 每天都冒一點險。」

　　在美國優山美地國家公園，有一塊垂直高度超過 300 公尺的大石頭，幾乎是筆直的岩面，寸草不生。除了中間有個很小的岩洞可以棲身過夜外，整塊石頭可以說是毫無立足之地。只要來到這裡，導遊就會指著這塊光禿禿的石頭對遊客

說：「有一位因登山而失去了雙腿的登山家曾經攀上了這塊石頭。當時電視現場直播，萬人空巷。」

這是怎樣的人，怎樣的精神。探險之於當事人來說，並非尋求物質享受。正如一位企業家在珠峰腳下營地的日記所寫：「我開始佩服那些勇敢攀登的人們；單只是虛榮心是無法支持他們面對如此極端而危險的挑戰的，在那時刻，你不會想到成功歸來的鮮花與喝彩；那……還有什麼？那是對人生嚴肅認真態度的毅然選擇！那是內心勇敢樂觀的無言證明！那是對人類生命力強大的終極歌頌與讚嘆！」

無論是進入生存大挑戰的登山家，還是登珠峰的企業家，雖然都有攝影機在旁提示這並非孤獨之旅，但是，攝影機不可能在你寸步難移時，給你一雙不累的腳，也不可能在你飢寒交迫的時候，變出一塊美味牛排。精神的力量，可以散布在人生的每一個角落。而這種體驗也是一份生活的感動。

該出手時就不要瞻前顧後

在成功之路上奔跑的人，如果不能在機遇來臨之前就辨識出它，在它消逝之前就果斷採取行動占有它，將它獲得，那麼它就會轉瞬即逝，或者是日久生變。這樣必將導致幸運之神遠離你。機遇是一位神奇的、充滿靈性的，但性格怪僻

的天使。它對每一個人都是公平的，但絕不會無緣無故地降臨。如只是等著成功到來，那你只會眼睜睜地看著機遇擦肩而過。

　　有一個人一天晚上碰到一個神仙，這個神仙告訴他有大事會發生在他身上，他將有機會得到很大的財富，在社會上獲得卓越的地位，並且娶到一個漂亮的妻子。

　　這個人終其一生都在等待這個奇異的承諾，可是什麼事也沒發生。當他上西天時，他又看見了那個神仙，他對神仙說：「你說過要給我財富、很高的社會地位和漂亮的妻子，我等了一輩子，卻什麼也沒有。」

　　神仙回答他：「我沒說過那種話。我只承諾過要給你機會得到財富、一個受人尊重的社會地位和一個漂亮的妻子，可是你讓這些從你身邊溜走了。」

　　這個人迷惑了，他說：「我不明白你的意思。」神仙回答：「你記得你曾經有一次想到一個好靈感，可是你沒有行動，因為你怕失敗而不敢去嘗試。」這個人點點頭。神仙繼續說：「因為你沒有去行動，這個靈感幾年以後變成另外一個人的了，那個人一點也不害怕地去做了，你可能記得那個人，他就是後來變成全國最有錢的那個人。」

　　還有，你應該還記得，有一次發生了大地震，城裡許多

房子都毀了，好幾千人被困在倒塌的房子裡，你有機會去幫忙拯救那些存活的人，可是你怕小偷會趁你不在家的時候，到你家裡搶劫、偷東西，你以此為藉口，故意忽視那些需要你幫助的人。」這個人不好意思地點點頭。

神仙說：「那是你去拯救幾百個人的好機會，而那個機會，可以使你在城裡得到多大的尊崇和榮耀啊！」

「還有，」神仙繼續說，「你記不記得有一個頭髮烏黑的漂亮女子，你曾經非常強烈地被她吸引，你從來不曾這麼喜歡過一個女人，之後也沒有再碰到過像她這麼好的女人。可是你想她不可能會喜歡你，更不可能會答應跟你結婚，你因為害怕被拒絕，就讓她從你身旁溜走了。」這個人又點點頭，可是這次他流下了眼淚。神仙說：「我的朋友啊，就是她！她本來該是你的妻子，你們會有好幾個漂亮的小孩，而且跟她在一起，你的人生將會有許許多多的快樂。」

不願行動就等於放棄了成功的機會，一個成功者，應該不放過任何一個可能的機會，並且用行動證明機會的價值。

《致富時代》雜誌上，曾刊登過這樣一個故事。有一個自稱「只要能賺錢的生意都做」的年輕人，在一次偶然的機會，聽人說市民缺乏便宜的塑膠袋裝垃圾。他立即就進行了市場調查，透過認真計算，認為有利可圖，馬上著手行動，很快

把物美價廉的塑膠袋推向市場。結果，靠那條別人看來一文不值的「垃圾袋」的資訊，兩星期內，這位年輕人就賺了 4 萬塊。

在通往成功的道路上，每一次機會都會輕輕地敲你的門。不要等待機會去為你開門，因為門栓在你自己這一面。機會也不會跑過來說「你好」，它只是告訴你「站起來，向前走」。知難而退，優柔寡斷，缺乏一往無前的勇氣，這便是人生最大的難題。

要善於發現機會，也要善於掌握機會。沒有一種機會可以讓你看到未來的成敗，人生的奇妙也在於此。不透過奮鬥得到的成功，就像一開始就知道真正凶手的懸疑電影般索然無味。選擇一個機會，不可否認有失敗的可能。將機會和自己的能力相比，適合的緊緊抓住，不合適的學會放棄。

用明智的態度對待機會，也使用明智的態度對待人生。不要為自己找藉口了，例如別人有關係、有錢，當然會成功；別人成功是因為抓住了時機，而我沒有等等。這些都是你維持現狀的理由，其實根本原因是你沒有什麼目標，沒有勇氣，你根本不敢邁出成功的第一步，你只知道成功不會屬於你。

在我們周圍，常常會發現這樣一些人，他們很有才智，而且非常勤奮，但是很少看見他們有出色的成績。他們遲遲

不能有出色成績的原因，很大程度上，就是因為他們總是只想不做。他們的心裡總是不斷出現各種想法，但是他們從來落實這些想法，然而空想是想不出結果的，只有動手去做，才能掌握先機。只有這樣，你才可能取得成功。等待是等不出結果的。

很多年前，一位智商一流、持有大學文憑的翩翩才子下定決心要「下海」做生意。有朋友建議他炒股票，他興致高昂，但去辦股東卡時，他又猶豫：「炒股有風險啊，等等看。」又有朋友建議他到夜校兼職講課，他很有興趣，但快到上課了，他又猶豫：「講一堂課，才88塊錢，沒有什麼意思。」他很有天分，卻一直在猶豫中度過。兩三年了，一直沒有「下」過海，庸庸碌碌。

有些人不是沒有成功的機遇，只因不善抓緊時機，所以最終錯失機遇。他們面對機會，總是患得患失，搖擺不定，不敢下定行動的決心，他們做人好像永遠不能自主，非有人在旁扶持不可，即使遇到任何一點小事，也得東奔西走地去和親友鄰人商量，同時腦子裡更是胡思亂想，弄得自己一刻不寧。於是越商量，越打不定主意，越東猜西想，越是糊塗，就越弄得毫無結果，不知所終。

沒有判斷力的人，往往使一件事情無法開場，即使開了場，也無法進行。他們的一生，大都消耗在沒有主見的懷疑

之中，即使給這種人成功的機遇，他們也永遠不會達到成功的目的。機會稍縱即逝，拖延只會讓機會白白消失。

　　所以，機會是否成功地變成現實，在很大程度上，取決於有沒有養成迅速行動的習慣。當你有了良好的行動習慣時，你就會自動衝破一切阻力，進入良性的行動迴圈中，快速向成功邁進。只要你認清了路，確定好人生的目標，就永不回頭，「該出手時就出手」，向著目標，心無旁騖地前進，相信你一定會到達成功的彼岸。

勇敢地承擔責任

　　人活著就是一種責任。吉姆是某一段鐵路的送報員，工作認真，待人親切，沒有人不喜歡他。更讓人敬佩的是，他24歲就當上了這一路段的分段長，是其中最年輕。他的升遷是因為他的果斷和責任心。

　　在他未升遷之前，發生了這樣一件事。

　　那天早晨，他像往常一樣來到辦公室發報紙，剛一進來，就聽到同事們說一輛被撞毀的車身阻塞了路線，鐵路運輸已陷入了混亂。電話鈴聲響個不停，許多趕火車的乘客急得團團轉，紛紛質問到底出了什麼事，為什麼沒有人解決？按照鐵路的相關條例規定，遇到緊急情況，只有鐵路分段長

同意才能調車，沒有分段長的書面或口頭同意，任何人擅自執行都會受到處分或解僱。

同事們之所以不敢有所行動，是因為分段長約翰不在，沒有人願意被解僱，也沒有人願意承擔責任。

眼看著塞車的情況越來越嚴重，貨車全部停滯，載客火車也已因此誤點，而分段長依然是找不到。如果事情繼續發展下去，會影響整個鐵路運輸系統。看到心急如焚的人們，吉姆再也顧不上這麼多了，他毅然決然地在同事們膽怯的目光下發出調車集合電報，在上面簽上了約翰的名字。他的舉動，確實破壞了鐵路最嚴格的規則中的一條，如果查實，他將離開鐵路系統。沒有人勇於承擔這樣的後果。只有吉姆斷然決定這樣做，並且說一切後果由他承擔。

不一會，道路暢通了，約翰也回來了，各項事務都順利如常了。吉姆告訴了他整個事件的經過，等待著他的批評和處分。約翰只是笑了笑，什麼也沒說。同事們感到很驚奇，問約翰為什麼不照規則辦事，今後還會有人服從規定嗎？約翰嚴肅地說：「在規則能解決問題時，按照規則辦，當規則不能解決問題時，我們就要想辦法。果斷和有責任感的人，永遠不該受到指責。」不久，吉姆升遷，成為約翰的私人祕書，24 歲時，他便成為這一鐵路的分段長。

　　果斷的人，從來都不缺乏對事物的準確評估和判斷，因此他們永遠清楚地知道自己需要什麼，能為別人做什麼。但偏偏有這樣一種人，當別人詢問他的意見時，他不清楚自己的確切需要，便說：「隨便怎麼樣都行。」然而，等結果出來後，他卻又不停地抱怨，讓他做決策時，他又猶豫不決。

　　美國盲人作家吉姆・史都瓦（Jim Stovall）有一回搭乘飛機，坐在他旁邊的是一個非常喜歡抱怨的人。作家甚至認為，如果奧林匹克有抱怨比賽的話，他可以輕鬆地拿到一塊金牌。當空姐來詢問他們兩個要吃雞肉還是牛肉的時候，作家回答：「雞肉。」那個愛抱怨的人則表示：「都可以。」

　　不一會，空姐端來了作家要的雞肉，端給那人一份牛肉。接下來的 20 分鐘，作家的耳朵，在那個人不斷喃喃抱怨他的牛肉有多難吃中痛苦地煎熬著。那個愛抱怨的人完全不了解，這頓難吃的晚餐是他自己決定的。表面上看，這是空姐幫他挑的晚餐，但實際上，是他將自己的選擇權交給別人的。

　　某個電視劇中的女主角對男主角說：「現在我有兩條路可以走，要不是繼續留在公司上班，就是去應徵空姐，完成我的夢想。你說我該走哪一條路呢？」男主角直視她緊張的臉說：「我能給替你做決定嗎？我做了決定你能真正接受嗎？你能以後肯定不後悔嗎？」

當你認為某件事確實無關緊要，你懶得去思考決策時，或者把決策權交給別人時，無論出現什麼結果，我想你最好就是服從，閉住你的嘴巴，不要喋喋不休地埋怨嘮叨，因為這時你的選擇其實是「隨意、隨便什麼都行」。還有一種類型的人，比如在餐廳點餐，他會說：「你看著辦吧，我吃什麼都行。」可當你拿菜單剛開始點菜，他就會不停地發表意見：把肉換成魚吧，把豆腐換成茄子吧，把紅燒改為清蒸吧⋯⋯這種人在很多事情上都是這樣：不敢承擔決策的重任，還想盡可能地照顧自己的利益，對別人的主張肆無忌憚地攻擊。這樣的人，最終會讓所有的人都離開他。自己的事情，自己果斷地決定好了。

任何一項決策，都會受到當時獲取資訊的完善程度與心態影響。也許這個決策並不是最好的選擇，但總得去做，才知道對錯。即使真的做錯了，那就拿出責任心，勇敢地承擔，只有這樣，才能一次比一次做得更好，也才會養成果斷作決策的習慣。

輸不起是人生最大的失敗

每個人都希望無論何時何地都站在適合自己的位置，說著該說的話，做著該做的事。但不經過挫折磨練的，人是不可能達到這種境界的，人總是要從自己的經歷中記取教訓。

所以，做人要輸得起。

失敗這件事，有時要用宏觀的角度來看待，一個人的一生中，一定會有很多的挫敗，輸不起才是人生最大的失敗。

巨星張國榮有「上帝完美創造物」的美稱，影歌雙棲，成就非凡，也是人緣極佳的「好哥哥」，但即使他有輝煌的成就和智慧，少了面對困難的思維，一切都只能化為雲煙。

人生如同戰場。我們都知道，戰場上的勝利，不在於一城一池的得失，而在於誰是最後的勝利者，人生也是如此，成功的人不應只著眼於一兩次成敗，而應該不斷地朝著成功的目標邁進。當然，一兩次的失敗，確實可能使你血本無歸，甚至負債累累。

最關鍵的是，你不應該洩氣，而應該從記取教訓，用美國股票大亨賀希哈的話說：「不要問我能贏多少，而是問我能輸得起多少。」只有輸得起的人，才能不怕失敗。

每個人都該在 40 歲之前，至少重重失敗過一次。這指的不是小小的失望，比如搞砸一項任務，也不是辭掉一份好工作，更不是被炒魷魚。一定要是很嚴重的失敗。敢冒險，才可能跌得重；跌得越重，以後才有可能爬得越高。

「不經歷風雨，怎能見彩虹」，任何一種成功的獲得，都要經過艱苦的磨練，「梅花香自苦寒來，寶劍鋒從磨礪出。」

任何投機取巧或妄想減少奮鬥而達到目的的做法，都是見識短淺的行為。

當然，我們不一定非要真正經歷一次重大的失敗，只要我們做好了應對失敗的準備，「體驗失敗」一樣能夠帶來刻骨銘心的教訓，而那失敗的起點，比那些從來沒有過失敗經歷的人要高得多，並且失敗越慘痛，起點則越高。

「失敗降臨時，最好你已經老得足夠從中真正學到教訓；但也最好足夠年輕，讓你還有本錢振作精神，拍拍灰塵，重新出發。有些父母擔心子女可能會失敗，我則擔心我的孩子到三十幾歲還不曾失敗過。如果不趕快的話，想要從中學到什麼，對他們而言實在太晚了。如果沒有在二十幾歲時，從小規模失敗的經驗中所學的教訓，就不可能有日後成年時大規模的勝利。」

這是現今全球最大的報紙《今日美國》創辦人艾爾努哈斯（Al Neuharth）自傳中的一段話。艾爾努哈斯執意地做了一件被「權威機構」認定「不可能成功」的事情 —— 在美國創辦一份全國性報紙，結果他成功了。

wrong 的反義詞不是 right，而是 learn；只有輸得起，才能夠正視自己的「錯誤」，才能不浪費從錯誤中學習的機會，才能經一事，長一智。所謂看成敗，人生豪邁，大不了從頭再來，讓我們勇敢地面對失敗吧！

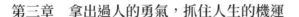

機會掌握在自己手中

有些人成功靠埋頭苦幹；有些人成功靠一時的幸運；有些人成功靠千載難逢的機會。但有些人具備了這些，卻仍然與成功無緣，這是為什麼呢？

很早以前，偉大的棒球手泰·柯布（Ty Cobb）在世界棒球錦標賽中，一口氣打出四個全壘打，目前他仍是這項世界紀錄的保持者。後來他把那支偉大的球棒送給他的一位朋友。有一天，他朋友的朋友來做客，有幸拿起這支球棒，並以極端敬畏的心情擺出正式球賽揮棒的姿態，試圖模仿他，當然那打擊的樣子，絕對無法與泰·柯布相提並論。

不出所料，另一位職業棒球聯盟的隊員對他說：「老兄，泰·柯布可不是這種樣子打球的，你太緊張了，一心想打出全壘最美的姿勢，結果一定是慘遭三敗出局的命運。」

的確，看過泰·柯布比賽的人都知道，泰·柯布輕鬆自如地在場上揮棒的姿勢，絕對是美不勝收，他的人與球棒，自然地結合為一體，以充滿韻律的動作，詮釋了從容的道理，令人震驚，那真稱得上是世界上最美的舞蹈！

一位棒球隊教練，曾說過這樣的話：「不論選手的打擊率多高、守備多強、跑壘速度多快，如果他心中存有過於強烈的緊張感，我就會考慮淘汰他。因為，若要成為大聯盟的選

手，本身必須有相當的能耐，每一個動作不但要正確，更要以從容輕鬆的心情控制肌肉的運動，這樣所有的肌肉與細胞才會富有韻律與彈性，在瞬間而發的關鍵時刻，才可以隨心所欲地接球或揮棒。如果心裡非常緊張、無法鎮定下來，連帶著全身的肌肉也一定隨之繃緊，一旦遇到重大場面，根本無法順利地完成應有的動作。當對方的球拋過來時，他的全部神經已經為之緊縮，又怎麼能打好棒球呢？」

他的一席話不僅僅是針對運動員而言，凡是優秀的人，如果都能以積極而從容的心態進行工作，他們的堅定和自信，會不知不覺地指揮起自身最大的潛能，並與工作融為一體。當然並不是人人都有泰·柯布那樣的幸運和機會，但是不要忘記：負面的人等待機會，而正面的人則創造機會。

負面懦弱者常常用沒有機會來原諒自己。其實，生活中到處充滿著機會！學校的每一門課程，報紙的每一篇文章，每一個客人，每一次演說，每一項貿易，全都是機會。這些機會帶來朋友，培養品格，製造成功。

沒有誰，在他的一生中，運氣一次也不降臨。但是，當運氣發現你不具備接待它的條件的時候，他就會從門口進從窗戶出了。你和它擦肩而過，是你自己沒有掌握住。

年輕的醫生經過長期的學習和研究，他碰到了第一次複雜的手術。主治醫生不在，時間又非常緊迫，病人處在生死

關頭。他能否經得起考驗，他能否代替主治醫師的位置和工作？他是否敢拿穩手術刀，自信地走向手術臺，走上幸運和榮譽的道路？這都要他自己做出回答。

對重大的時機，你做過準備嗎？

除非你做好準備，否則，在機會面前你只會顯得可笑。

拿破崙問那些被派去探測死亡之路的工程技術人員：「從這條路走過去可能嗎？」「也許吧。」回答是不敢肯定的，「它在可能的邊緣上。」「那麼，前進！」拿破崙不理會工程人員講的困難，下了決心。

出發前，所有的士兵和裝備都經過嚴格細心的檢查。開口的鞋、有洞的襪子、破舊的衣服、壞了的武器，都馬上修補和更換。一切準備就緒，部隊才前進。統帥勝券在握的精神鼓舞著戰士們。

戰士們皮帶上的閃爍光芒，出現在阿爾卑斯山高高的陡壁上，閃現在高山的雲霧中。每當軍隊遇到意料不到的困難的時候，雄壯的衝鋒號就會響徹雲霄。即使在這危險的攀登中到處充滿了障礙，但是他們一點也不混亂，也沒有一個人脫隊！四天之後，這支部隊就突然出現在義大利平原上了。

當這「不可能」的事情完成之後，其他人才意識到，這件事其實是早就可以辦到的。許多統帥都具備必要的設備、

工具和強壯的士兵，但是他們缺少毅力和決心，缺少嘗試的勇氣和信心，缺少好心態。而拿破崙不怕困難，在前進中精明地抓住了自己的時機。

善於為自己找托詞的人，把失敗歸咎於沒有機會，但無數成功的例子告訴我們：機會掌握在自己手中。只要義無反顧地遵從自己的心，勇於創造機會，從容面對挑戰，你就會像那些屹立在阿爾卑斯山上的士兵一樣，傲然屹立於自己的人生顛峰。

失敗不可怕，怕的是不敢從頭再來

在人的一生中，每個人都不能保證工作總是那麼順利，被解僱是難免的，面對失業，很多人往往痛苦不堪。其實，失去工作不見得是一件壞事，只要樹立信心，肯定會出現柳暗花明又一村的新景象。很多人正是由於失去工作之後，才發現了自己更大的潛力，從而使自己獲得了一個更廣闊的發展空間。

張健是一個很有事業心的人，他在一家業務公司跟隨老闆，一做就是 5 年，從一個普通員工，一直做到了分公司的總經理的職位。在這 5 年裡，公司逐漸成為同產業中的佼佼者，張健也為公司付出了許多，他很希望透過自己的努力，讓企業發展得更快、更好。然而就在他兢兢業業拚命工作的

時候，張健發現老闆變了，變得不思進取、獨斷專行，對自己漸漸地不信任，許多做法都讓人難以理解，而張健自己也找不到往日拚事業的感覺了。

同樣，老闆也看張健不順眼，說張健的舉動使公司的工作進展不順利，有點礙手礙腳。不久，老闆把張健解僱了。

從公司出來後，張健並沒有氣餒，他對自己的工作能力還是充滿了信心。不久，張健發現有一家大型企業正在招募業務經理，於是將自己的簡歷寄給了這家企業，沒過幾天他就接到面試通知，然後便和總經理面談，最終順利得到了這一職位。工作了大約一個月時間，張健覺得自己十分欣賞該公司總經理的氣魄和工作能力。同時，他也感到總經理同樣十分賞識他的才華與能力。在工作之餘，總經理經常約他一起去游泳、打保齡球或者參加一些商務聚會。

在工作中，張健感覺公司的企業標誌設計得相當繁瑣，雖然有美感，但卻缺乏應有的視覺衝擊，便大膽地向總經理提出更換圖示的建議。沒想到其實總經理也早有此意，就把這件事安排給他。為了把這項工作做好，張健親自求助於視覺設計方面的專業人士，從他們提供的作品中，選出了比較滿意的作品。當他把設計方案交給總經理的時候，總經理讚譽有加，立刻升張健為公司副總，薪水增加一倍。

是的，被解僱並不一定是件壞事。張健面對無情的解僱，他一樣憑藉著才能，找到了更適合自己的工作，而且得到了一位真正「伯樂」的賞識。

有句話說，上帝在關上一扇門的同時，會為你打開另一扇窗戶。失業並不可怕，只要你不灰心不氣餒，相信自己，勇於開拓與進取，那麼你同樣會在其他領域獲得成功。

敢想敢做才能突破平庸

在現實生活中，有很多人活得很迷茫，很卑微。他們不知道自己活著的目的何在，每天只是機械地重複著千篇一律的生活。他們對很多事情，不敢去想，不敢去做，更不敢去奢望夢想中的生活，這樣的人是注定與成功無緣的，為什麼大家不用自己銳利的目光，去解剖成功者到底是如何成功的呢？

湯姆‧鄧普西（Tom Dempsey）出生的時候，只有半隻左腳和一隻畸形的右手，父母怕他喪失信心，經常鼓勵他。在父母的鼓勵下，他沒有因為自己的殘疾而感到不安，反而養成了一種爭強好勝的個性。例如童子軍團行軍 1 萬公尺，湯姆也同樣走完 1 萬公尺。他還能把橄欖球踢得比其他男孩子都要遠，這就堅定了他要做一個不平凡的人的決心。

　　後來，他找人為自己專門設計了一隻鞋子，參加了踢球測驗，並且得到了衝鋒隊的一份合約。但是教練卻一直勸說他，你不具有做職業橄欖球員的條件，最好去試試其他的產業。

　　這時候，他性格當中那種頑強不服輸又起作用了。湯姆・鄧普西提出申請，加入新奧爾良聖徒球隊，教練雖然心存懷疑，但是看到這個男孩有這麼大的成功慾望，對他有了好感，因此就收了他。

　　時間不長，教練越來越喜歡這位渾身充滿激情的年輕人了，因為湯姆・鄧普西在一次友誼賽中踢出了 55 碼遠並且得分，最終使他獲得了為聖徒隊踢球的工作，而且在那一季中，為他的球隊贏得了 99 分。

　　一次神聖的時刻，球場上坐滿了 6 萬 6 千名球迷。球是在 28 碼線上，比賽馬上就開始了。球隊把球推進到 45 碼線上，「鄧普西，進場踢球。」教練大聲說。當湯姆進場時，他知道他的球距離得分線有 55 碼遠，由巴第摩爾雄馬隊畢特・瑞奇踢出來的。

　　球傳接得很好，鄧普西使出全身的力氣，將球踢了出去，球筆直地前進。但是踢得夠遠嗎？6 萬 6 千名球迷屏住氣觀看，接著終端得分線上的裁判舉起了雙手，表示得了 3

分，球在球門橫杆之上幾英寸處飛過，湯姆一隊以 18 比 17 獲勝。球迷狂呼亂叫，為獲勝者而興奮，這是只有半隻腳和一隻畸形手的球員踢出來的！

「真是難以相信。」有人大聲叫，但是鄧普西只是微笑。他想起他的父母，他們一直告訴他的是他能做什麼，而不是他不能做什麼。他之所以踢出這麼了不起的紀錄，正如他自己說的：「我父母從來沒有告訴我，我有什麼不能做的。」

從上面的例子大家不難看出，勇於想像是成功的代名詞。對於湯姆‧鄧普西來說，他只有半隻左腳和一隻畸形的右手，對於一般人來講，敢想著去踢橄欖球嗎？如果連想都不敢想，能取得最後的成功嗎？

想像力通常被稱為靈魂的創造力，它是每個人自己的財富，是每個人最可貴的才智。拿破崙曾經說過：「想像力統治全世界。」一個人的想像力，往往決定了他成功的機率，一個敢想敢做的人，他的成功機率就會很高。

亨利‧福特和安德魯‧卡內基既是生意上的朋友，也是生活中的朋友。當福特公司大批生產汽車的時期到來時，卡內基的鋼鐵像樹木一樣，源源不斷地運到福特汽車製造廠。福特的名氣和當時的卡內基、摩根、洛克斐勒一樣傳遍世界的每一角落。

　　福特於西元 1863 年 7 月生於美國密西根州。他的父親是個農夫，覺得孩子上學根本就是一種浪費。老福特認為他的兒子應該留在農場幫忙，而不是去念書。

　　自幼在農場工作，使福特很早便對機器產生興趣，於是他那用機器去代替人力和牲口的想像與意念便早早露出端倪。

　　福特 12 歲的時候，已經開始構想要製造一部「能夠在公路上行走的機器」。這個意念，深深地扎根在他的腦海裡。周圍的人，都認為他的構想是不切實際的。老福特希望兒子做農場助手，但少年福特卻希望成為一位機械師。他用一年多的時間，就完成了人家需要三年的機械師訓練，從此，老福特的農場便少了一位助手，但美利堅合眾國卻多了一位偉大的工業家。

　　福特認為這世界上沒有「不可能」這回事。他花了兩年多的時間用蒸氣去推動他構想的機器，但行不通。後來，他在雜誌上看到可以用汽油氧化之後，形成燃料來代替照明煤氣，觸發了他的「創造性想像力」，此後，他全心全意地投入汽油引擎的研究工作。

　　福特每一天都在夢想成功地製造一部「汽車」。他的創意被大發明家愛迪生所賞識，愛迪生邀請他當底特律愛迪生

公司的工程師，讓他有機會實現他的夢想。

終於，在西元 1892 年，福特 29 歲時，他成功地製造了第一部汽車引擎。西元 1896 年，也就是福特 33 歲的時候，世界上第一部摩托車便問世了。

自 1908 年開始，福特致力於推廣摩托車，用最低廉的價格，去吸引越來越多的消費者。今日的美國，每個家庭都有一部以上的汽車，而底特律則一舉成為美國的大工業城，成為福特的財富之都。

亨利・福特在取得成功之後，便成了人們羨慕至極的人物。柯維博士說過：「也許在每 10 萬人中，有一個人懂得福特成功的真正原因，而這少數人，通常又恥於談到這點，因為這個成功祕訣太簡單了。這個祕訣就是想像力。事實上，在一定程度上，只要能想到，就一定能辦到。」

在生活當中，不怕做不到，只怕想不到，只要人們勇於想像，就會變得與眾不同，就會邁向成功。

一個人有點野性未必是件壞事

不可否認，不羈的個性，已成了現代社會一個強而有力的生存和競爭手段。一個人想要讓自己成為做事的強者和勝利者，被人尊敬，就要用自己的與眾不同來說話。

　　美國人是瘋狂的、野性的，這體現在他們做任何事情上。在現代，不靠祖輩福蔭，能取得成功的企業家，又有哪一個不是充滿野性呢？著名的 CNN 的老闆泰德・透納（Ted Turner）是一個帆船愛好者，曾駕駛他「勇敢者」號帆船，奪得過美洲杯賽的冠軍，當時他為奪得冠軍而不顧風急浪險，因此獲得「瘋狂船長」的稱號，對此他引以為榮。透納年輕時，便以不安分守己著稱，但由於父親的突然自殺，未完成大學學業，年僅 24 歲的透納，繼承了父親的一家小廣告公司。自繼承公司開始，他的本性就表露無遺：他橫下心終止原有的買賣，並拒絕交出已出售的看板租約，甚至威脅要銷毀公司的資料，以迫使該公司的其他一些董事屈從他的願望，把原先的透納室外廣告公司改名為透納公司。

　　野性在很多時候，是一個人性格中的負面因素，但一個人如果在什麼情況下都像「溫吞水」一樣，做什麼事都追求中規中矩，不敢出頭，不敢冒險，是不可能做出出色成績的。透納自孩童時期就夢想涉足於廣播事業。他不顧當時流行的高頻系統，做了一次賭博，用他僅能付得起的價錢，買下了位於亞特蘭大的一家當地最小的超高頻電視臺 —— 17 頻道，並取名為納廣播。隨後，由於特納透成功地奪得了亞特蘭大勇敢者隊參加的棒球比賽實況轉播權，而棒球當時是美國的第一運動，因此透納的 17 頻道開始廣受電視觀眾歡迎。

　　但他並不滿足，他的夢想是成為全美國的電視大王。這時，美國無線電公司成功地發射了一顆具有劃時代意義的衛星——通訊1號。透納敏銳地跟上了現代科技的腳步，捕捉了大發展的商機。他毫不猶豫地租借了通訊衛星1號上的一個感測器，使自己的有線電視網覆蓋到了全美國。

　　1978年夏天，透納身著牛仔裝，在他名為「希望」的種植園裡，對他的員工們說：「先生們，我們已在一艘準備出航的海盜船上！我是你們的船老大，我們即將出發，襲擊海上所有的船隻。」透納開始向美國廣播公司、哥倫比亞廣播公司和全國廣播公司這三家廣播電視巨頭發起了挑戰。

　　透納強硬、堅定的立場，使有線電視新聞網不斷發展。但關鍵時刻透納卻失蹤了。原來透納駕駛他的「頑強者」號帆船，參加了一年一度的「天網」杯帆船比賽。比賽中突然遇到特大狂風，海浪高達44英尺，參賽的船有30條被巨浪打沉，18個人被海水吞沒，而比賽組織者宣稱與「頑強者」號失去聯繫，該船情況不明！這一消息如一顆炸彈，在公司總部爆炸，有些人已在查詢透納的生平，以便著手起草訃告。

　　突然電話鈴響了，令人難以置信地傳來了透納的聲音，響亮、清楚，似乎還帶著暴風雨的奇特感。透納和他的「頑強者」號不僅安全駛抵終點，而且贏得了這場比賽，由於他不顧風浪全速駕駛，而船上的發報機被風浪打壞，所以人們

以為他早已葬身海底了。

如果說，1977 年，透納駕駛「勇敢者」號奪下了美洲杯帆船賽的桂冠，使他獲得了

「瘋狂船長」的稱號並聲名鵲起的話，那麼，這次他率領「頑強者」號劈波斬浪，克服令人難以置信的險境而一舉奪冠，使他的形象更為突出：這個透納，既勇敢又頑強，即使困難重重，只要他想贏得勝利便能獲勝。在「天網」杯賽前，可能還有人懷疑透納能否堅持到勝利，現在種種懷疑、擔憂都煙消雲散了。他的信念：絕不後退。再一次得到證實。

透納的成功，在於他海盜般的瘋狂，狂野不羈的性格，以及奮發向上、頑強不息的鬥志。

國際商用機器公司的第二任總裁小沃森，也是一個充滿野性的人。大學時，由於不喜歡那些枯燥、僵硬的課本知識，讀書成績太差，以至於父親不得不多次為他轉學。但他始終熱衷於探險，喜歡自駕飛機和遊艇環遊世界。由於父親年老體衰，他被迫繼承了父親的公司，但他並不按父親的要求行事，只是機械地繼承父親的打洞機事業。他敏銳地感覺到電腦的前景光明，毅然將父親奮鬥一生的打洞機事業轉向了電腦，從而造就了 IBM 這個藍色巨人。他豪邁地宣稱：無論是一大步，還是一小步，總是帶動世界的進步。在他 50 多歲，IBM 正處於輝煌的頂峰時，他又提前退休，去圓他自駕

遊艇去北極探險的夢。這樣的例子實在太多，還有現代世界的首富 —— 比爾蓋茲，在世界最有名的大學 —— 哈佛，讀了 3 年，卻毅然退學去發展自己的公司，一個沒有野性的人能做到嗎？

大學畢業的人，一般都想找白領階級的工作，比上不足，比下有餘。他們雖然心裡也萌發過衝動，但一方面工作還可以，另一方面，以後又能幹什麼呢？於是在這種猶豫中漸漸消失了鬥志。反觀那些沒有學歷、本來就找不到好職業的人，為了生存，乾脆一不做二不休，做起了生意。由於他們沒有退路，這項生意不行，必須尋找另一項生意。在這樣不斷的嘗試之中，總能找到賺錢的方法，於是他們有了第一桶金。

沒有野性，你就只會循規蹈矩地生活，安於現狀，沒有奔放，沒有豐富的遐想，沒有對未來生活美好的憧憬，於是你辦什麼事也就沒有動力，沒有想像力，沒有創造力，從而你也就只能平庸地生活，完全被社會和環境主宰，甚至完全沒有自己的個人意願，隨波逐流。

芸芸眾生中，有不少人才華洋溢，聰明絕頂，但由於缺乏野性，缺乏內心的張揚，他們只是在等待，卻不懂得主動出擊。很多原本應該能辦成的事情，也就在等待中成了夢中黃粱。這不是透納們的生存哲學，也不應該是我們這個時代的生存哲學。

苦盡之後甘就來

吃苦是成長的階梯，是成功的墊腳石。正如飛蛾由蛹變繭、破繭而出的過程：由蛹變繭時，翅膀萎縮，十分柔軟；在破繭而出時，必須要經過一番痛苦的掙扎，身體中的體液才能流到翅膀上去，翅膀才能充實有力，才能支持牠在空中飛翔。

一天，有個人湊巧看到樹上有一隻繭開始活動，好像有蛾要從裡面破繭而出，於是他很有興趣地準備見識一下由蛹變蛾的過程。

但隨著時間過去，他變得不耐煩了，只見蛾在繭裡痛苦掙扎，將繭扭來扭去的，但卻一直不能掙脫繭的束縛，似乎是再也不可能破繭而出了。

最後，他實在等得不耐煩了，就用一把小剪刀，把繭上的絲剪了一個小洞，讓蛾出來可以容易一些。果然，不一會，蛾就從繭裡很容易地爬了出來，但是那身體非常臃腫，翅膀也異常萎縮，耷拉在兩邊伸展不起來。

他等著蛾飛起來，但那只蛾卻只是跌跌撞撞地爬著，怎麼也飛不起來，又過了一會，牠就死去了。

蛾為什麼會死？原因是蛾失去了成長的必然過程。蛾的成長必須在蛹中經過痛苦的掙扎，直到牠的雙翅強壯了，才

會破繭而出，那些不經過痛苦掙扎而生的飛蛾勢必夭折。人的成長也是如此，沒有經過不幸、挫折、失敗磨練的人生也難以承擔大任，即使讓其承擔大責任，也會因經受不住隨之而來的艱辛、曲折、困難的考驗而歸於失敗。

如果人生的歷程總要遵循許多規律的話：付出之後的收穫，苦盡之後的甘來，磨練之後的成就，應該都是成正比的，這些正是其中的規律之一。正如孟子所說：「天將降大任於斯人也，必先苦其心志，勞其筋骨……。」

舉世聞名的大文豪高爾基，早年喪父，11 歲時就當資本家的徒工，也正是這段苦難的童年，使他懂得了人生，有了過人的深厚的生活閱歷，為後來的文學創作打下了穩固的基礎。

1915 年獲得諾貝爾物理學獎的威廉‧亨利布拉格（William Bragg），年輕時在皇家學院求學。這裡讀書的人大多是富有人家的子弟，可亨利布拉格衣衫襤褸，拖著一雙比他的腳大的破舊大皮鞋。富家子弟誣陷他這雙破皮鞋是偷來的。有一天，負責人把他叫到辦公室，兩眼死盯著他那雙破皮鞋。亨利布拉格明白是怎麼回事，他拿出一張小紙條交給他。這是父親寫給他的一封信，上面有這樣幾句話：「兒子呀，真抱歉，希望再過一兩年，我的那雙破皮鞋，你穿在腳上不會再嫌大。如果你一旦有了成就，我就引以為榮。因為

我的兒子，正是穿著我的皮鞋努力奮鬥成功的。」負責人看完信之後，也被深深地感動了。

　　能吃苦的人才能享受到「苦盡甘來」的幸福。相反地，沒吃過苦，不具備吃苦耐勞的特質的人，很難在布滿荊棘的人生路上，走出康莊大道來，即使你有優越的條件也不例外。試想，古今中外歷史上，又有幾個紈綺子弟成就大業或有所成就呢？

　　就拿杜邦家族來說，這個家族是美國的億萬富翁。豪華的別墅、專用飛機、遊艇和高級小轎車，家裡應有盡有。然而，這個家族的後代卻大都是平庸之輩。他們的精神世界蒼白空虛，有時竟無聊到專門搞惡作劇，用絨布作食物內餡招待貴賓，或以數噸水泥散堆於鄰居門前。他們躺在先人的財富上尋歡作樂，意志必然會頹廢墮落。

　　在人生的旅途上，凡成功者，大多數是先「苦」，然後才會獲得「甜」的！所以，能吃苦就是一種資本，一種保證今後能夠得到甜的資本。

　　一個大學畢業生在應徵工作時，由於讀的大學並不有名，科系也不熱門，因此面試官不打算錄取他。但在面試結束時，他向面試官真誠地說了一句：「我能吃苦！」這句話改變了面試官的想法，就讓大學生回去等消息。

第二天，面試官專門去學校調查了該大學生，得知他的家境很貧寒，在學校期間一直吃苦耐勞。於是面試官決定錄取他，因為這種能吃苦的人，才是任何公司都歡迎的。

這個大學生求職的經歷證明了一個道理：能吃苦，吃過苦，這就是資本！

哲人說：「老年遭受艱難困苦是不幸的，這個道理人們普遍了解。少年未經艱難困苦也是不幸的，這個道理卻不是每個人都能明白的。」享樂在先，或許令人羨慕，但這只是一個過程，不會永遠樂下去，走到終點便是苦。吃苦在先，同樣也是一個過程，不會永遠苦下去，走到終點便是甜。

第三章　拿出過人的勇氣，抓住人生的機運

第四章
幫人就是幫自己，雙贏才能算真贏

幫人是一種境界，也是一種智慧。捨棄了自己的利益使他人得到好處，這自然是值得讚揚的一種做人境界；從另一個角度講，助人者必得人助，幫助了別人也就等於幫助了自己，這難道不是一種智慧的體現嗎？

給人方便是一條最好的路

我們說有的人很自私，這裡的「自私」在很多種情況下，其實指的就是不願意幫助別人。生活中這樣的例子並不鮮見，舉手之勞就能給人方便，就能幫助別人，偏偏不願意做。為什麼？捨不得屬於他自己的那一點點時間，那一點點精力，那一點點金錢。在這樣的人看來，捨棄了自我利益幫了別人，而自己什麼也得不到，不划算。這實在是一種短見。

從前，有一個生活困苦不堪的年輕人。

有一天，當他正要經過十字路口時，一位老人擋住了他的去路，他的背駝得十分厲害，連站都站不穩。「年輕人，你願意幫我過這條馬路嗎？」

當時，他實在心煩意亂，對什麼事情都提不起精神。不過，他看到這位老人實在很可憐，最後，還是扶著老人的臂膀，穿過那條車水馬龍的大街。

「你覺得好些了嗎？」老人微笑著問他。

「噢！是的……我想是的！」他覺得在幫助別人之後，心裡舒坦多了。

這時，老人突然挺直了腰，身子也變得硬朗起來了。年輕人驚訝地說不出話來。

「剛才看到你一副愁眉不展的樣子，我就決定要幫幫你。一個失意的人，如果幫助那些比他更失意的人，他就會好過些，所以我就打扮成剛才的那個樣子了。年輕人，不要有太多的憂愁！一切都會過去的，上帝會對你很公平的！」說完，老人就在年輕人的面前消失了。

當你在幫助他人的時候，感覺到了自己的重要性，心情也就會變得開朗。於是你幫助他人過馬路，其實也就是在幫助自己走出心靈的陰霾。

生命像回聲，你送出什麼它就送回什麼，你播種什麼就收穫什麼，你給予什麼就得到什麼。你想要別人是你的朋友，首先你得是別人的朋友。心要靠心來交換，感情只能用感情來交換。

把別人的擔憂當成自己的擔憂的人，別人也會擔憂他的擔憂；把別人的快樂當成自己的快樂的人，別人也會快樂他的快樂。用利益幫助別人的人，別人也會用利益幫助他；用道德對待別人的人，別人也會用道德回報他。這就是人性，這就是人情。

得到大多數人幫助的人，成功就大；得到少數人幫助的人，成功就小；得不到別人幫助的人，只有失敗，沒有成功。希望獲得別人幫助的人，首先要幫助別人。

　　一年冬天，年輕的哈默隨同伴來到美國南加州一個名叫沃爾遜的小鎮，在那裡，他認識了善良的鎮長傑克遜，正是這位鎮長，對哈默後來的成功影響巨大。

　　那天，天下著小雨，鎮長門前花圃旁邊的小路成了一片泥淖。於是行人就從花圃裡穿過，弄得花圃一片狼藉。哈默不禁替鎮長感到惋惜，於是不顧寒雨淋身，獨自站在雨中看護花圃，讓行人從泥淖中穿行。

　　這時出去半天的鎮長滿面微笑地從外面挑回一擔煤渣，從容地把它鋪在泥淖裡 —— 結果，再也沒有人從花圃裡穿過了，鎮長意味深長地對哈默說：「你看，給人方便，就是給自己方便。我們這樣做不是很好嗎？」

　　每個人的心都是一個花圃，每個人的人生之旅就好比花圃旁邊的小路，而生活的天空不僅有風和日麗，也有風霜雪雨。那些在雨中前行的人們，如果能有一條可以順利通過的路，沒有人願意去踐踏美麗的花圃，傷害善良的心靈。

保持美的方法是與人共同擁有美

　　表面看來，與人共有某種東西，一定比自己獨享獲得的好處少，事實果真如此嗎？

　　一個精明的荷蘭花草商，千里迢迢從非洲引進了一種名

貴的花卉，培育在自己的花圃裡，準備到時候賣個好價錢。

商人對這種名貴花卉十分愛護，許多親朋好友向他索取，一向慷慨大方的他竟連一粒種子也不肯給，他計劃繁育三年，等擁有上萬株後再開始出售和饋贈。

到了第三年的春天，他那名貴的花卉已經繁育出了上萬株。然而，令這位商人沮喪的是，這些花的花朵已經變得很小，花色也比剛引進的時候差多了，完全沒有了它在非洲的那種雍容華貴。

他知道，這樣下去是不可能靠這些花賺到錢的，難道是這些花退化了嗎？可是非洲人年年種植這種花，而且面積大，年復一年地培育，並沒有發現這種花會退化呀。

商人百思不得其解，便去請教一位植物學家。

植物學家來到他的花圃看了看，問：「你這花圃隔壁是什麼？」

商人回答：「隔壁是別人的花圃。」

植物學家又問道：「他們種植的也是這種花？」

他搖搖頭說：「這種花在荷蘭，甚至整個歐洲也只有我一個人種植。他們的花圃裡都是些鬱金香、玫瑰、金盞菊之類的普通花卉。」

植物學家沉默了許久說：「我知道你這種名貴之花風光不

再的祕密了，即使你的花圃裡種滿了這種名貴之花，但比鄰的花圃卻種植著其他花卉，你的這種名貴之花被風傳授了花粉後，又染上了比鄰花圃裡的其他品種的花粉，所以它就一年不如一年，越來越不雍容華貴了。」

商人問植物學家：「那該怎麼辦呢？」植物學家說：「誰能夠阻擋風傳授花粉呢？想使你的名貴之花不失本色，只有一種方法，那就是讓你鄰居的花圃裡也種上這種花。」於是，商人把自己的花種分給了鄰居。隔年春暖花開的時候，商人和鄰居的花圃幾乎成了這種名貴之花的海洋。花朵又肥又大，花色典雅，朵朵流光溢彩，雍容華貴。這些花一上市便被搶購一空，幾年後，商人和他的鄰居都發了大財。

你看，捨棄所帶來的不是減少，而是共同的增加，共同的成功。捨棄，助人，成了創造價值、解決難題的方法。

助人就是提前播下的收穫的種子

也許你助人的本意並不是為了得到什麼，但也許那確實為你帶來些什麼。

喬伊絲在美國的律師事務所剛開業時，連一臺影印機都買不起。移民潮一波接一波地湧進美國時，他接了許多移民的案子，常常三更半夜被喚到移民局的拘留所領人。他常開

著一輛破舊的車在小鎮間奔波。

多年後，律師事務所的電話線換成了四條，擴大了業務，處處受到禮遇。天有不測風雲，一念之差，喬伊絲將資產投資股票幾乎虧盡。更不巧的是，歲末年初，移民法又再次修改，職業移民名額削減，頓時門庭冷落，幾乎要關門大吉。

正在此時，喬伊絲收到了一家公司總裁寫來的信，信中說道：願意將公司 30％的股權轉讓給他，並聘他為公司和其他兩家分公司的終身法人代表。

喬伊絲簡直不敢相信這是真的，於是他就找上門去。「還記得我嗎？」總裁是個年紀四十的波蘭裔中年人。喬伊絲搖搖頭，總裁微微一笑，從碩大的辦公桌的抽屜裡，拿出一張皺巴巴的五美元匯票，上面夾著名片，印著喬伊絲律師的地址、電話。對於這件事，喬伊絲實在想不起來了。

「10 年前，在移民局……」總裁開口了，「我在排隊辦理工卡，人非常多，那裡擁擠又充滿吵雜聲。排到我時，移民局已經快關門了。當時，我不知道工卡的申請費用漲了 5 美元，移民局不收個人支票，我身上正好一美元都沒有了，如果我再拿不到工卡，雇主就會另雇他人了。這時，老天在幫忙，你從身後遞了 5 美元上來，我要你留下地址，好把錢還

給你，你就給了我這張名片。」

　　喬伊絲也漸漸地回憶起來了，但是仍半信半疑地問：「後來呢？」總裁繼續說：「後來我就在這家公司工作，很快我就發明兩個專利。我到公司上班後的第一天，就想把這張匯票寄出，但是一直沒有。我單槍匹馬來到美國闖天下，經歷了許多冷遇和磨難。這 5 美元改變了我對人生的態度，所以，我不能隨隨便便就寄出這張匯票……」

　　喬伊絲做夢也沒有想到，多年前的一個小小的善舉，竟然獲得了這樣的善果，僅僅 5 美元卻改變了兩個人的命運。

　　愛出者愛返，福往者福來。善良是可以創造奇蹟的，當別人失利受挫或面臨困境時，你及時伸出援助之手，你的幫助無疑成了最有價值的東西，這種雪中送炭般的幫助，會讓原本無助的人記憶一生。

幫助別人成功，是追求個人成功最保險的方式

　　我們說做人要相信自己。那麼是不是代表，總要用懷疑的眼光去看別人呢？其實大可不必，而是應當在「助人亦助己」做人之道引導下，去相信你能相信的對象，這叫做借力之功。不相信別人的人，不願意伸手助人的人，其實，他們根本不知道：歷史上有很多獲得成功的人，都曾受到一個心

愛的人或一個真誠的朋友的鼓勵。

如果沒有一個自信十足的妻子蘇菲亞，我們也許在偉大的文學家中找不到霍桑的名字。當他傷心地回家告訴她，他在海關的工作丟了，他是一個大失敗者時，她卻很高興地說：「現在，你可以寫你的書了！」「不錯，」霍桑說，「可是我寫作時，我們怎樣生活呢？」

她打開抽屜，拿出一堆錢來。

「錢是從哪裡來的？」他叫著。

「我知道你是天才，」她回答，「我知道有朝一日，你會寫出一本名著來。所以，我每週從家用中省下一筆錢，這些錢足夠我們用一年的。」

由於蘇菲亞的自信，美國文學史上最偉大的一本小說《紅字》在霍桑手中誕生了，難怪霍桑後來說：「人與人之間的互助是絕對重要的，這可以關係到一個人是凡人，還是巨人。」

由此，我們可以看到這樣一個做人之本：幫助別人成功，是追求個人成功最保險的方式。每個人都有能力幫助別人，一個能夠為別人付出時間和心力的人，才是真正富足的人。

如果一個人頂尖的成就中讓你感到有自己的一份，你能夠說：「是我讓他有今天。」這將是你最值得驕傲的事情。

　　幫助別人不僅利人，同時也提升本身生命的價值。不論對方是否接受你的幫助，或是否感激。想想看，如果每一個人都幫助另外一個人，世界將變得多麼和諧與美好！當然，我們每一個人也都會得到別人的幫助。

　　所有善於做人者都有一個共同的特性 —— 他們都懂得如何有效地與別人打交道。我們應當懂得如何去影響別人的思維方式，任何事情的失敗，常常都可以歸咎為與他人打交道的失敗。

　　對於我們生存的這個世界來說，人是最寶貴的。對於生存於世的每一個個體來講，人也是最重要的。只要你生存在這個世界上，不管你願意與否，你都必須與人打交道，如今再沒有人能夠到森林山洞裡去隱居，去忍受魯賓遜式的孤獨生活。為了讓自己的努力換來更大的成功，我們離不開社會環境，離不開周圍的人。

　　任何人際關係，無論是私下相處，還是業務關係，如果它是以成年人的那種互利的觀念來支配的話，對雙方來說只會有益。你為別人提供急需的東西，人家也會滿足你的需求。

　　蜜雪兒是一位年輕演員，剛剛在電視上嶄露頭角。他英俊瀟灑，很有天賦，演技也很好，開始扮演小配角，現在已成為主要角色演員。從職業上看，他需要有人為他包裝和宣

傳以擴大名聲。因此他需要一個公關公司，為他在各種報章雜誌上刊登他的照片和有關他的文章，以增加他的知名度。不過，要建立這樣的公司，蜜雪兒拿不出那麼多錢來。偶然的一個機會，他遇上了莉莎。莉莎曾經在紐約一家最大的公關公司工作了多年，她不僅熟知業務，而且也有較好的人緣。幾個月前，她自己創辦了一家公關公司，並希望最終能夠打入有利可圖的公共娛樂領域。到目前為止，一些比較出名的演員、歌手、夜總會的表演者都不願意與她合作，她的生意主要還只是靠一些小買賣和零售商店。蜜雪兒和莉莎兩人一拍即合，聯合做了起來。蜜雪兒成了她的代理人，而她則為他提供拋頭露面所需的經費。他們的合作達到了最佳境界，蜜雪兒是一名英俊的演員，並正在時下的電視劇中出現，莉莎便讓一些較有影響的報紙和雜誌把目光放在他身上。這樣一來，她自己也變得出名了，並很快為一些有名望的人提供了社交娛樂服務，他們付給她很高的報酬。而蜜雪兒，不僅不必為自己的知名度花人筆的錢，而且隨著名聲的增加，也使自己在業務活動中處於一種更有利的地位。

透過莉莎和蜜雪兒的相互合作，我們可以看到這樣一種格局：蜜雪兒需要求助於莉莎，獲得為自己宣傳的開支；莉莎為了在她的業務中吸引名人，需要蜜雪兒作自己的代理人。他們互相滿足了對方的需要。

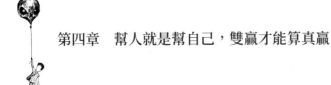

每個人都渴望實現自己的人生目標，但是如果不善於借助別人的幫助，不善於給需要幫助的人幫助，是難以成功的。因此，最智慧的做人之道是：「助人亦助己」。如果你不相信這一點，甚至嘲笑這一點，那麼你早晚會成為一個游離於成功之外的人。

關鍵時你幫人一把，人就助你一臂之力

你在關鍵時刻幫人一把，別人也會在重要時刻助你一臂之力！想讓別人將來幫助你，你就必須先付出精力去關心別人、感動別人，這樣才能贏得別人回報的資本。因此，高明的做人藝術便是：雪中送炭最能溫暖人心，換句話就是：救人之所急！

范仲淹是一位充滿人格魅力的宋代英傑，除了憂國憂民的憂患意識支配著他一生的行動外，他還樂意幫助那些需要幫助的人。

范仲淹在睢陽做學官時，經常以自己的薪俸資助窮苦的讀書人。曾有個孫秀才，特意來請求他接見，范仲淹很關心他，見過以後送給他十個銅錢。

第二年，這位孫秀才又來了，范仲淹又贈給了十個銅錢。范仲淹問他：「你這樣辛苦地來回跑路，究竟為什麼？」孫秀才悲傷地回答：「因為我沒有辦法養活老母親，只好這樣

奔波，來求得一些幫助。倘若我每天能有一百銅錢的收入，就足夠維持生活了。」

范仲淹說：「我看你不是一個專門向人乞討混日子的人。這樣辛苦奔波能得到多少資助？我替你補一個學職，每月有三千個銅錢的薪俸可供衣食之需。但有了這個安排以後，你能安心在學業上下工夫嗎？」

孫秀才特別高興，一再拜謝，一再表示要在學業上下工夫。於是，范仲淹安排他研習《春秋》。孫秀才果然十分刻苦，日夜抓緊學習，而且行為謹慎，嚴於約束自己，范仲淹很喜歡這個人。過了一年，范仲淹的職務調動，孫秀才也結束學業回去了。

10年以後，人們都說在泰山之下有位教授《春秋》的學者孫明複先生，學問和修養都很好，受到人們的讚譽。朝廷把這位先生請到太學來，原來就是當年貧窮的孫秀才。范仲淹很有感觸地說：「貧窮，對於人來說真是個大的困難。如果衣食沒保證，到處奔波，尋求幫助，一直到老，那麼孫明複那樣的人才，就會被埋沒。」

主動支援一時經濟拮据的朋友，使其免除後顧之憂，盡力幫助朋友安心學習，使其早日金榜題名，等等，凡是在關鍵時刻，你伸出熱情之手，予以大力支持，使之功成事就，都可以說是「救人之所急」，這應該算得上是人類最美好的情感之一。

關心別人就是給自己機會

　　你是否曾關心過與你有關係但並不親密的那些人：客戶、顧客、天天見面但從未搭話的警衛，甚至素昧平生的陌生人？要知道，你人生的機會也許就在這一點一滴不起眼的關心裡。

　　某一個下雨天的下午，有位老婦人走進匹茲堡的一家百貨公司，漫無目的地在公司內閒逛，很顯然是一副不打算買東西的態度。大多數的店員只對她瞧上一眼，然後就自顧自地忙著整理貨架上的商品，以避免這位老太太去麻煩他們。

　　其中一位年輕的男店員看到了這位老太太，立刻主動向她打招呼，很有禮貌地問她，是否有需要他服務的地方。這位老太太對他說，她只是進來躲雨罷了，並不打算買任何東西，這位年輕人安慰她說，即使如此，她仍然很受歡迎。他主動和她聊天，以顯示他確實歡迎她。當她離去時，這名年輕人還陪她到街上，替她把傘撐開，這位老太太向這名年輕人要了一張名片，然後逕自走開了。

　　後來，這位年輕人完全忘記了這件事情。但是有一天，他突然被公司老闆召到辦公室去，老闆向他出示一封信，是位老太太寫來的。這位老太太要求這家百貨公司派一名店員前往蘇格蘭，代表該公司接下裝潢一所豪華住宅的工作。

這位老太太就是美國鋼鐵大王卡內基的母親，她也就是這位年輕店員在幾個月前很有禮貌地護送到街上的那位老太太。

在這封信中，卡內基夫人特別指定這名年輕人代表公司去接受這項工作。這項工作的交易金額數目巨大。這名年輕人如果不是因為好心地招待了這位不想買東西的老太太，那麼，他將永遠不會獲得這個絕佳的機會。

付出、給予，這是我們立身成人之本。我們懂得付出，就永遠有可以付出的資本；我們貪圖索取，就永遠必須索取。付出越多，收穫越大；索取越多，收穫越小。

任何事都有一定的收支：你付出了多少，才會收穫多少，付出時不一定痛苦，收穫時卻一定快樂。因此，我們要隨時隨地給予人幫助，這不但能夠方便別人，在某種意義上也是為自己創造機會，即使你在幫助別人的時候心裡並不這麼想。

幫助別人要懂得技巧

在人生道路上，當你邁出突破性的穩固的一步時，你是否回想過，在這一步之前，有多少人扶你、攙你、拉你、助你？

119

一個人不能同時幫助許多人，但許多人可以同時幫助一個人。

一個人能力雖然不大，但只要肯幫助別人，他將受到人們廣泛的歡迎。

有一種說法，叫做生活不需要技巧，講的是人與人之間要以誠相待，不要懷著某種個人目的。因為一旦對方發現自己是被利用的工具，即使你對他再好，也只能引起他對你的敵意，並拒絕和你繼續保持關係。所以，要獲得真正成功的人際關係，就只能用愛心去和別人推心置腹地打交道。在這種情況下，你再去幫助他，他才會感到人間處處是美好。對別人的幫助，要落實到具體的行動上，不要只停留在口頭上。幫助有兩種，一種是隨便幫助，因為它也能給人帶來某種好處，但隨便幫助的幫助，不是真正的幫助，因為這種隨便的幫助在關鍵的時候總是不管用。第二種是真正的幫助，它能幫助人徹底解決實際困難。

幫助別人也離不開技巧。在具體的情況下，當你想幫助某個人時，你要注意具體方法，如何幫助他，才能使他真正得到你的幫助。一位殘疾人坐在輪椅上上坡，但因坡度較大，他費了很大的勁也沒上去。好心的你走上前，想幫助他，卻告訴他該怎樣用力。你不知道，他此時最需要的，是你從後面推他一把，讓他順利地通過這段道路。

《讀者‧文苑》欄目中曾刊登了一則感人的故事：

羅斯是位單身女子，住在華盛頓的一個鬧區。有一次，羅斯搬一個大箱子回家，因為電梯壞了，她只能自己扛著箱子上十二層樓。彼得是一個平時沒事就在大街上閒逛，偶爾還闖點禍的人，這次他看到羅斯累得汗流滿面，於是想上去幫助羅斯。羅斯並不相信彼得，以為他圖謀不軌。彼得十分困惑，他花費了許多唇舌，想說明他的善良用心，卻無濟於事。羅斯拒絕了彼得，她將箱子從一層搬到二層後，就再也沒有力氣了，需不需要彼得伸出的援手呢？羅斯感到矛盾極了。最終，她還是在彼得的幫助下，把箱子搬上了十二層樓。為了表示自己的真誠用意，彼得只將箱子搬到羅斯的家門口，堅持不進去。後來，羅斯和彼得交上了朋友，一年後，雙雙步入了婚姻的殿堂。

幫助別人，要顧及到他的尊嚴。一位商人在街頭看到一個衣衫襤褸的鉛筆推銷員，心中頓時生起一股憐憫之情。他把一元錢扔進賣鉛筆人的杯中，就走開了；沒走幾步，商人忽然覺得，無緣無故給一個健康的推銷員一元錢似乎不妥，他趕忙折返，從賣鉛筆人的攤位上拿起幾支筆，他抱歉地解釋說：「對不起，我忘了拿筆了，希望你不要介意。」停了一會，商人又說：「你跟我都是商人。你有東西要賣，而且有明碼標價。我給你一元錢，為什麼就不肯拿鉛筆呢？對不起，

請你原諒我剛才的冒失。」

　　幾個月很快就過去了，在一個社交場合，一位穿著整齊的推銷商走向商人，他雙手遞上名片，並自我介紹說：「您可能已經忘記我了，我雖然不知道您的名字，但我永遠忘不了您。您就是那個重新給了我自尊的人。我一直覺得自己是個推銷鉛筆的乞丐，直到您走過來，並告訴我是一個商人為止。謝謝您的指點！」

　　商人聽了，露出滿臉的笑容。

　　沒想到商人簡簡單單的幾句話，竟然促使一個處境窘迫的人茅塞頓開，重新樹立了自信，並且透過自己的努力終於取得了成功。

　　向一個陷入困境的人，伸出熱情之手，給予他無私的幫助的確是重要的，但更為關鍵的是，我們還應讓他意識到自己的自尊和價值──只有充分相信自己以後，才有決心去擺脫磨難，去證明自己絕對不是一個弱者。

　　不要貶低別人的人格，不要傷害別人的自尊心，因為，只有尊重別人，別人才會永遠感激你。

不要低估了別人的知恩圖報之心

　　幫助別人，要堅持不懈，不能一時風，一時雨，憑著自己的興致來做。也不要這也幫那也幫，不高興的時候就誰都不幫。做一件好事並不難，難的是一輩子做好事，不做壞事。這種境界，是很難達到的。現代社會，在金錢的衝擊下，很多人的一舉一動都在考慮著自己的利益，不說幫助別人，堅持不懈地幫助別人更是奢侈，這也是社會為什麼呼喚雷鋒精神的真正原因。

　　幫助別人，不要居功自傲。幫助別人時應注意：不要使對方覺得接受你的幫助是一種負擔；幫助要做得自然得體，也就是說，在當時對方或許無法強烈地感受到，但是日子越久越體會到你對他的關心；幫忙時要高高興興，不可以露出心不甘、情不願的樣子。如果你在幫忙的時候，覺得很勉強，是因為意識裡存在著「這是為對方而做」的觀念。假如對方對你的幫助毫無反應，你一定會大為生氣，認為我這樣辛苦地幫助你，你還不知感激，太不知好歹了！如此的態度甚至想法最好是不要表現出來。

　　如果對方也是一個能為別人考慮的人，你幫忙他的各種好處，絕不會像潑出去的水，難以回收，他一定會用別的方式來回報你。對於這種知恩圖報的人，應該經常給他一些幫助。

第四章　幫人就是幫自己，雙贏才能算真贏

　　總之，人不是刺蝟，難以合群，人是情感動物，需要彼此間的互愛互助，且不可像自由市場做生意那樣赤裸裸地，一口一個「有事嗎」，「你幫了我的忙，下次我一定幫你」。忽視了感情的交流，會讓人興味索然，彼此的交情也維持不了多長時間。

　　一個籬笆三個椿，一個好漢三個幫。你拉著我的手，我拉著他的手，他拉著你的手，這個世界就屬於你我他大家的了。

　　俗話說：「貧在鬧市無人問，富在深山有遠親。」這是勢利者心目中的人之常情，只不過在一般「正人君子」那裡不願意承認罷了。

　　但是，如果從長遠利益看，一個人真的過分勢利眼，得到的回報不一定會太好。這不是迷信，而是事所必然。因為相信「風水輪流轉，明年到我家」、「太陽不會總在一家門口轉」之說。所以，自古以來，一個個施恩得報的故事，也被人們津津樂道地傳誦了下來。不過不管怎麼說，它確實教育了我們，人生在世，無論什麼時候都不要太勢利。

　　歷史上許多重大事件都是從極小的疏漏開始的。千里之堤潰於蟻穴，星星之火可以燎原，只有從細微處著手，才可能做到萬無一失。比如，作為管理者，要經常注意員工的情緒變化，施人以恩不在大小，感人之效卻可以驚天動地。

人人都有知恩圖報之心。但必須在別人最需要的時候，才是最能打動人的。所謂「衣送寒人」說的就是這個道理。

患難之中最需要的就是幫助

患難檢驗你做人的態度，患難檢驗你做事的方式。

「患難之交才是真朋友」，這句話大家都不陌生。

人的一生不可能一帆風順，難免會碰到失利受挫或面臨困境的情況，這時候最需要的就是別人的幫助，這種雪中送炭般的幫助會讓他人記憶一生。

德皇威廉一世在第一次世界大戰結束時，算得上全世界最可憐的一個人，可謂眾叛親離。他只好逃到荷蘭以求保命，許多人對他恨之入骨。可是在這個時候，有個小男孩寫了一封簡短卻流露真情的信，表達他對德皇的敬仰。這個小男孩在信中說，不管別人怎麼想，他將永遠尊敬他為皇帝。德皇深深地被這封信所感動，於是邀請小男孩到皇宮來。這個小男孩接受了邀請，由他母親帶著一同前往，他的母親後來嫁給了德皇。

人們總是可以敏感地覺察到自己的苦處，卻對別人的痛處缺乏了解。他們不了解別人的需要，更不會花工夫去了解；有的甚至知道了也佯裝不知道，大概是沒有切身之苦、切膚之痛吧。

　　雖然很少有人能達到「人飢己飢，人溺己溺」的境界，但我們至少可以隨時觀察一下別人的需要，時刻關心朋友，幫助他們脫離困境，當朋友身患重病時，你應該多去探望，多談談朋友關心的、感興趣的話題；當朋友遭遇挫折而沮喪時，你應該給予鼓勵；當朋友愁眉苦臉、鬱鬱寡歡時，你應該親切地詢問他們。這些適時的安慰，會像陽光一樣溫暖受傷者的心田，給他們希望。

雙贏才是真贏

　　誰都希望自己能贏：贏得財富，贏得聲譽，贏得尊敬……但是，想靠自己，或者說想追求自己一個人的勝利，可說是難上加難。聰明的人追求的是雙贏，因為那才是真正的贏。

　　阿曼是從以色列到美國來的阿曼家族的第一代。他在美國南方做了一段時間的商人之後，跟他的兩個弟弟伊曼紐爾和邁耶一起在阿拉巴馬的蒙哥利馬定居下來，當上了雜貨店的老闆。該地本是一個產棉區，農民手裡有的是棉花，但卻沒有現金去買日用雜貨，於是阿曼就用雜貨去交換棉花。結果使雙方皆大歡喜，農民得到了需要的商品，他也賣掉了雜貨。

　　這種方式，乍看之下與「現金第一」的經營原則不符，但這卻是阿曼兄弟「一筆生意，兩頭贏利」的絕招。這種方

式，不僅吸引了所有沒有錢買日用品的顧客，擴大了銷售，而且有利於阿曼兄弟降低棉花價格，提高日用品的價格，並且使雜貨店在進貨之際，順便把棉花銷售出去，避免了單程進貨，更省下不少運費。

沒過多久，阿曼兄弟便由雜貨店小老闆，發展成經營大宗棉花生意的商人，棉花典當成了他們的主要業務。美國南北戰爭期間，阿曼兄弟在歐洲大陸推銷棉花，戰後，他們在紐約開辦了一個事務所，並於西元 1877 年在紐約交易所中取得了一個席位，成為一個「果菜類農產品、棉花、香料代理商」。從此走上了規模化發展的道路。

在商人看來，人生好比戰場，但畢竟不是戰場。戰場上，敵對雙方不消滅對方，就會被對方消滅，而人生賽場不一定如此，為什麼非得來個魚死網破，兩敗俱傷呢？不可否認，大自然中弱肉強食的現象較為普遍，這是出於它們生存的需要。但人類社會與動物世界不同，個體與個體之間、團體與個體之間的依附關係相當緊密，除了戰爭之外，任何「你死我活」或「你活我死」都是不利的。

商業中，顧客是最終的消費者，一種商品是否適用、品質好與不好，顧客最有發言權，多數情況下，顧客的意見總是正確的，商家、企業如果能經常聽取消費者的意見，不斷地改進工作，就會招來更多的顧客，做大批的生意。

第四章　幫人就是幫自己，雙贏才能算真贏

　　美國底特律有位叫倫納德的老闆，他從經營中總結了一條經驗：「對於企業經營者來說，顧客的建議、要求和挑剔總是對的，是絕對真理。」他舉了個例子，說一天下午，有位婦女提著一隻火雞找到市場經理，說那隻雞乾癟無味，要求退換。經檢驗，這並非店方的責任，而是由於這位婦女烹調技術不佳造成的。照理說可以不換。但店方還是給她換了一隻。從此以後，這位婦女經常光顧此店，一年時間，便在這個店消費了 5,000 多元。倫納德老闆將此經營法稱之為「顧客真理效應」。

　　現在有些企業往往不太重視顧客的意見。不要說對待責任在顧客一方的事，即使責任全在商家自己，也會強詞奪理，推卸責任，把顧客趕走了事。看了倫納德這條「顧客真理效應」的經驗，一定會受到很大啟發。

　　當今社會的發展，已經進入了合作雙贏的時代，互惠互利的合作是現代人類和社會存在的基礎和前提。雙贏理念則是人們生活的思想理念，合作則是雙贏理念下，人們所選擇的最佳行為，而互惠互利則是雙贏理念的外在動機。

　　現代社會充滿競爭，這種競爭是使社會走向進步的動力，而不是毀滅社會的武器。比爾蓋茲這樣認為：今天，所有競爭的結果，不可能使一方成為自然和社會某一方面的統治者，更多的是消耗難以估算的人力和財力，最終誰也不可

能成為贏家。

雙贏為一種理念，它體現了一種公正的價值判斷，這種公正性，不僅表現在對別人利益的尊重上，也表現在對自身利益的取捨上。這是因為，現代社會是一種共存共榮的社會。自己的生存和發展，以犧牲他人的利益為代價的時代已不存在，取而代之的則是必須贏得他人的幫助和合作，才能發展和壯大自己。在這個過程中，只有利益共用才能形成良好的合作，才能取得別人的幫助，使自己成功。這種利益共用和合作雙贏理念，正是公正精神的體現，它符合社會發展的規律。

雙贏不僅表明它是一種現代理念，同時它也是現代智慧的結晶。沒有對自身條件的分析，沒有對周圍環境以及未來發展趨勢的分析，則不能形成雙贏理念；有了這種理念，如果沒有科學的方法、明智的行為、超常的膽識，也不能產生雙贏的結果。

工作中更需要伸出援手

俗話說：百年修得同船渡。能做同事即是一種緣。既為同事，共同合力謀事，長期相處，誰都會遇到溝溝坎坎，所以，能幫人處且幫人，同事遇到困難尋求幫助時，不妨伸出熱情的雙手，真誠地助人一臂之力，這是在不知不覺中為自

己存下一份善果。

　　小林與小孫同時進入某機關，兩個人同樣有較強的工作能力，無論主管交給他們什麼任務，他們都能非常漂亮地完成。因此，兩人經常受到主管的表揚。但是，在同事之中，他們卻有不同的地方：大家都喜歡小林，有什麼事總是找他幫忙，而小林也的確為大家做了許多事，因為他既謙虛又有能力，與大家非常合得來；而小孫則不同，雖然他也能辦許多事，但大家都有意無意地疏遠他，有什麼事也不會找他幫忙，因為小孫這個人個性有些高傲，喜歡離群獨居。

　　小孫也意識到了這種差別，但他並不想改變這種狀態，他以為這樣很好。無論同事們怎麼對自己，上司總還是喜歡自己的。有主管支持，他不應該總是瞻前顧後。況且這樣也不錯，他可以按照自己的個性安排一切，不必受到別人不必要的影響。

　　就在小孫按照自己的個性生活的時候，主管說長官有指示，要在他們這一群人中，選一名宣傳幹部。而且這次長官有明確指示，一定要堅持群眾選舉，任何長官不得從中作梗。面對這樣一個好機會，小孫打從心底認為自己應該去，因為他不但喜歡這份工作，而且堅信自己一定能做好，絕對不會辜負主管的期望。但是，聽說這次不是主管任命，而是由群眾直接選舉，他的心真的有些涼了。他明白憑自己的

「人緣」，自己絕對不是小林的對手，況且小林在宣傳方法上也有其獨到的能力。小孫體認到這種差距，但他不是一個小肚雞腸的人，即使他明白自己有不足，他也要進行一番公平競爭。

結果正如他所預料的那樣，小林幾乎以全票得到了這個職位。一個本來平等的機會，結果由於兩者個性不同而導致巨大的差異。這個教訓值得每一個人仔細思考。

對於協調與同事的關係，有的人馬馬虎虎，認為同事之間無所謂，大可不必左右逢源，協調四鄰；而有的人則極為看重，在同事中間拉幫結夥，並極力找長官做靠山，形成自己的勢力，以為憑此就能高枕無憂。其實，他們都錯了。想有一群適合自己展開事業的好同事，就必須真心幫助他們，在謙和中充分展露自己的個性。

事事為大家著想，處處關心他人。在公司中有人氣，「人緣」好，就等於你事業的發展與壯大有了一個穩固靠山。

第四章　幫人就是幫自己，雙贏才能算真贏

第五章
感恩是一種胸懷，報恩是一種境界

有人說，無所求甚至有所失地給人無私的幫助，可能有的人做不到，而得到了別人的恩惠或者幫助以後，給人真誠的感謝和回報不是理所當然的嗎？這是理所當然，但仍有為數眾多的人做不到，因為感激、感恩、回報仍然需要他失去點什麼。從這個意義上講，能夠感恩和報恩，也是一種值得稱讚的做人境界。

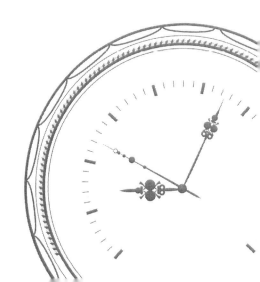

感恩是一種像施恩一樣高貴的品德

　　古人常說：「受人滴水之恩當湧泉相報。」可是現在社會上，有很多人似乎並不懂得這一點，他們永遠對別人深懷戒心，不敢也不肯去幫助別人，如果有人援助他，他們又會覺得這是理所當然，因為對方一定另有所圖。

　　這種狹隘自私的觀念，使得當今社會似乎越來越冷漠，如果有人不幸遇上了什麼困難，好像就只有坐以待斃。因為人們的生活也變得越來越孤立、自私，美好的事物不能長久，所謂的幸福，似乎只有在童話裡才會出現。

　　據報導，一個年輕人不顧個人安危，竭盡全力救出了六名落水者，當他精疲力竭地癱倒在岸上時，圍觀的人沒有一個對他伸出援手，而被救的六名落水者也沒有一個上前對他說一句感謝，其中一個少女，披著他的外套悄悄溜走了。這個年輕人對記者說：「的確很失望……我並不想讓他們報答我什麼，事實上我救人的時候也沒想那麼多，可是他們這樣冷漠，讓我很傷心。」記者問他，下次碰到類似的事還會不會挺身而出。年輕人猶豫了一下，臉上露出難以言喻的苦笑，嘆息說：「總不能見死不救吧？」

　　常言道：「知恩不報非君子！」受人恩典而不知回報是極不道德的，但是現在卻有人把這當成是自然的事。

英國詹森博士（Samuel Johnson）說過：「感恩是極有教養的產物，你不可能從一般人身上得到。」

我們應當學會感恩，學會感謝別人的幫助，同時以一顆感恩的心再去幫助別人。如果想讓自己生活得幸福快樂，就要享受付出的快樂，並記得感恩。

記住，這個世界上總有人是需要你的幫助的，而且也有人會不計回報地來幫助你。如果你能做到「行善莫念，受恩回報」，那麼你也一定能忘記生活中的不如意，形成一個良性迴圈，以自己為中心傳遞一個溫情的氣場。

人生的第一件事：對父母感恩

有很多人或許會把別人對他的好牢記在心，並且努力報答，可是卻對父母的愛無動於衷，認為是天經地義的事。也有人對別人都很寬容、理解，卻偏偏對親人嚴苛、冷淡。其實，每天都在對我們付出愛，並且從不求回報的，不就是這些被我們忽略的人嗎？

那晚，小麗離家出走了，身上一塊錢也沒帶，起因就是和媽媽吵架，媽媽在盛怒下叫她再也別回去。

走了一段路，小麗肚子餓了，她看見街邊有一個賣餛飩的攤子，香氣不斷飄過來，真的好想吃，可是，她沒有錢！

不知不覺，小麗在那裡呆呆地站了半天，賣餛飩的老人就問她：「小女孩，來碗餛飩吧？」

小麗連忙搖搖頭，紅著臉說：「我……我沒帶錢。」

老人熱情地說：「沒關係，我請你吃。」他為麗煮了一大碗熱氣騰騰的餛飩，小麗吃了幾口，忍不住掉下淚來。

「小女孩，你怎麼了？」老人問她。

小麗擦擦眼淚，說：「沒什麼，我只是很感謝您。我們又不認識，您都對我這麼好，還請我吃東西，可是……我媽媽，她發脾氣趕我出來，還叫我再也不要回去！您是陌生人都還對我這麼好，可是我自己的媽媽卻對我這麼絕情！」

老人聽了，和氣地說：「小女孩，我為你煮一碗餛飩，你就這樣感謝我，那你的媽媽煮了十幾年的飯給你吃，你怎麼不感激她呢？為什麼還要和她吵架？為什麼還因為她的一句氣話就跑出來呢？」

小麗一下子愣住了，過了半天才結結巴巴地說：「媽媽做飯給我吃……那不是理所當然的事嗎？這還用感謝？」

老人說：「連自己的媽媽都不感謝，還能感激誰呢？別忘了，是她把你帶到人世的，也是她把你撫養長大的。如果你的媽媽把這十幾年為你做的飯都施捨給乞丐，你說她該贏得多少感謝？」

　　小麗想了很久，終於鼓起勇氣回家，半路上，她看到母親正在著急地向每一個路人詢問：「請問你有沒有見到我的女兒？她穿紅色的上衣……」小麗的淚水一下奪眶而出，跑過去抱住母親，叫著：「媽媽，對不起，我錯了！」

　　親情是這世間最無私的情感，當我們還在母親的子宮裡時，父母的愛就已經給予我們了。親情無時無刻不在，但卻經常被我們視而不見，甚至遺忘。我們享受著父母辛勤工作換來的金錢，理所當然地接受他們無微不至的照顧，卻還要因為一些小事和他們鬧彆扭，抱怨他們。人們常說：「不養兒不知父母恩。」恐怕只有當我們自己也為人父母時，才能理解自己的父母有多麼偉大吧。

　　有一位企業家說：「我從不和那些不孝順父母的人打交道 —— 連自己父母都不孝順的人，又怎麼會對別人好呢？」

　　現在有很多年輕人都不懂得孝敬父母，只知道索取。有位大學生為了和同學比較，不斷向遠在農村的父母要錢去買奢侈品，愛子心切的父母只能借錢，甚至賣血供兒子揮霍。而那位大學生在花著父母賣血得來的錢時，不僅絲毫不覺得慚愧，還埋怨父母給的錢太少。

　　這樣的案例已經不能算是罕見了，追究原因，做父母的也要負起很大責任。他們沒有教育好孩子，沒有讓他們養成感恩的心態，只是一味地疼愛，恨不得把世上一切最美好的

都給孩子。但結果只是讓孩子形成以自我為中心的思考模式，只知道索取而不懂得付出，一旦索取失敗，甚至會仇視父母。

這些不懂得感恩的孩子，他們生活的世界只有自私這一條法規，而一個自私的人，又怎麼可能體會到生活的真諦呢？

為人父母者，是孩子人生的第一位老師，不過分溺愛孩子，教他感恩與施予的重要性，隨著孩子的成長，人格越來越完善，他對生活的接受度和對幸福的體驗也會更高。

那是在洛杉磯郊縣的一個早晨，戴爾正在一所旅館大廳的餐廳裡用餐，他看見有三個黑人孩子，正趴在餐桌上寫著什麼。當問他們在做什麼時，年齡最大的孩子回答說正在寫感謝信。

他那副理所當然的神情讓戴爾十分疑惑。這三個小孩一大早起來寫感謝信？戴爾愣了一陣子後追問：「寫給誰的？」

「給媽媽。」

戴爾更加好奇。

「為什麼？」戴爾又問。

「我們每天都寫，這是我們每日必做的功課。」孩子回答。

哪有每天都為媽媽寫感謝信的？戴爾感到困惑不已。他湊過去看他們寫的信。老大在紙上寫了八九行字，妹妹寫了五六行，小弟弟只寫了兩三行。再仔細看其中的內容，卻是例如，「路邊的野花開得真漂亮」、「昨天吃的披薩真香」、「昨天媽媽為我講了一個很有意思的故事」之類的簡單句子。

戴爾內心一陣激動。原來他們寫給媽媽的感謝信，是記錄他們幼小心靈中感覺很幸福的一點一滴。

他們還不知道什麼叫感恩，但知道對於每一件美好的事物都心存感激。他們感謝母親辛勤的工作、感謝同伴熱心的幫助、感謝兄弟姐妹之間的相互理解……他們對許多我們認為是理所應當的事，都自然而然地懷有一顆「感恩的心」。

感恩不一定要感謝誰的大恩大德，它可以是一種生活態度，一種善於發現美並欣賞美的道德情操。

因為懂得對父母感恩，對身邊的一草一木感恩，所以才能享受到生活的美好。

感恩可以擦去心靈上的塵垢

難以想像一個內心充滿了怨恨、冷漠、自私和懷疑的人，可以看到生活中的哪片彩虹。這些負面的東西會蒙蔽人的雙眼，讓他們看不見身邊盛開的玫瑰；會蒙蔽人的雙耳，

讓他們聽不見夜鶯的歌唱；會蒙蔽人的心靈，讓他們感受不到生活饋贈的幸福。

　　迎著 11 月的寒風，推開街邊一家花店大門的時候，戴安娜的情緒低落到了極點。今年，就在她懷孕 4 個月的時候，一場交通意外，無情地奪走了她肚子裡的生命，現在她的丈夫又失去了工作。這一連串的打擊令她幾乎要崩潰了。「感恩節？有什麼可感恩呢？感謝那個不小心撞了我的司機？還是感謝那個救了我一命，卻沒能幫我保住孩子的氣囊？或是感謝那個解僱了我丈夫的老闆？」戴安娜困惑地想著，但感恩節總是要過的。

　　「我想訂花……」戴安娜猶豫著說。「是感恩節用的嗎？」店員問，「您一定想要那種能傳遞感激之意的花吧？」

　　「不！」戴安娜脫口而出，「在過去的六個月裡，我沒有一件事是順心的，我不知道有什麼值得我表達感激的。」

　　「我知道什麼花最最合適您了。」店員微笑著說。戴安娜大感驚訝。這時，又有一位女士進來了。「嗨，芭芭拉，我這就把您訂的東西給您拿過來。」店員向她打著招呼。

　　然後就走進了裡面的工作室裡。沒過多久，當她再次出來的時候，懷裡抱滿了一大堆用蝴蝶裝飾的又長又多刺的玫瑰花枝，那些玫瑰花枝被修得整整齊齊，只是上面連一朵花

也沒有。

　　戴安娜疑惑地看著這一切，這不是開玩笑吧？誰會要沒有花的枝子呢？她以為那顧客一定會生氣，然而，她錯了。她清楚地聽到那個叫芭芭拉的女人向店員道謝。

　　「嗯，」戴安娜忍不住開口了，有點結結巴巴，「那女士帶著她的……嗯……她走了，卻沒拿花！」

　　「是的」，店員說，「我把花都剪掉了。那就是我們的特別奉獻，我把它叫做感恩節荊棘花束。」

　　「哦，得了吧，你不是要告訴我，居然有人願意花錢買這玩意吧？」

　　戴安娜不理解地大聲說。

　　「三年前，當芭芭拉走進我們花店的時候，感覺就跟你現在一樣，認為生活中沒有什麼值得感恩的。」店員解釋道，「當時，她父親剛剛死於癌症，家族企業也正陷入困境之中；兒子在吸毒，她自己又正面臨一個大手術。而我的丈夫也正好是在那一年去世的」，店員繼續說，「我人生頭一回一個人過感恩節。我沒有孩子，沒有丈夫，沒有家人，也沒有錢去旅遊。」

　　「那你怎麼辦呢？」戴安娜問。

　　「我學會了為生命中的荊棘感恩。」店員沉靜地回答，「我

過去一直為生活當中美好的事物而感恩，卻從沒有問過為什麼自己會得到那麼多的好東西。但是，這次的厄運降臨的時候，我問了。我花了很長一段時間才明白，原來黑暗的日子也是非常重要的。我一直都在享受著生活中的『花朵』，但是，荊棘使我明白了上帝的安慰是多麼的美好。你知道嗎？聖經上說，當我們受苦的時候，上帝就安慰我們，因為上帝的安慰，我們也學會了安慰別人。」

戴安娜屏住呼吸，思考著眼前這位店員的話，猶豫地說：「說句心裡話，我不想要什麼安慰，因為我失去了我的孩子，我的丈夫也失去了工作，我對上帝感到生氣。」

「嗯，」店員小心翼翼地說，「我的經驗告訴我，荊棘能夠把玫瑰襯托得更加美麗。人在遇到麻煩的時候，會更加珍視上帝的慈愛和幫助，我和芭芭拉都是這麼過來的。因此，不要怨恨荊棘。」

眼淚從戴安娜的臉頰上滑落，她拋開她的怨恨，哽咽地說：「我要買下那十二根帶刺的花枝，該付多少錢？」

「不要錢，你只要答應我，把你內心的傷口治好就行了。這裡所有顧客第一年的特別奉獻都是由我送的。」店員微笑著遞給戴安娜一張卡片，上面寫著：我的上帝啊，我曾無數次地為你我生命中的玫瑰而感謝你，但卻從來沒有為我生命

中的荊棘而感謝過你。請你教導我關於荊棘的價值，透過我的眼淚，幫助我看到那更加明亮的彩虹……。

當生活賜予你災難時，請把它當作是襯托玫瑰的荊棘，正因為有了它們，當幸福來臨時才會更加珍惜。面對痛苦，我們仍然要感恩 —— 活著就已經是一種幸福。生命是這樣短暫，生活裡總是有快樂也有痛苦，是想讓快樂多一些還是痛苦多一些，全由你自己選擇。

感恩之心會幫助你選擇正確的那一方

有一個小男孩，他的背上有兩道因手術而留下的傷疤。這兩道傷疤，就像是兩道暗紅色的裂痕，從他的肩胛骨一直延伸到腰部，上面布滿了扭曲的紅色肌肉。

體育課上，小孩子們高興地脫下制服，換上運動服時，有一個小孩看見了男孩背上的傷疤，就驚叫起來：「好可怕啊！」大家都圍過來看，七嘴八舌地說：「他背上長了兩隻大蟲！」

「真恐怖！」、「怪物！」、「好噁心！」……

一旁的老師很驚慌，她知道天真的小朋友們無心說出的話最傷人，她擔心那個小男孩因此而自卑，可是一時之間，她又想不出什麼辦法來幫他。令她出乎意料的是，小男孩並

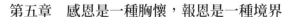

沒有哭，而是驕傲地說：「你們懂什麼，我媽媽說這是上帝的恩賜！」

大家都愣住了，連老師也好奇地想聽他說什麼。

小男孩說：「我媽媽說，每個小孩是都是上帝送到人間來的天使。有的小孩變成天使時，很快就把翅膀脫掉，有的小天使動作慢 —— 就像我這樣的，來不及脫下翅膀，結果在變成小孩的時候就會留下這兩道痕跡。」

小朋友們都張大了嘴巴，有一個小孩說：「你騙人！」

小男孩說：「我沒有！我媽媽是這樣說的！她還說我要感謝這兩道痕跡，因為是它們帶我到媽媽這裡來的，要不是它們，我就見不到媽媽啦！」

即使明知小男孩背上的傷疤是因為手術而留下的，但是老師還是被這個美麗的故事打動了，她微笑著為小男孩作證：「是的，每個小孩都是小天使變的。快看看，你們有沒有人的翅膀和他一樣，沒有完全脫掉的？」

於是小朋友們都七手八腳地檢查對方的後背，可是誰也沒有這樣的傷疤。他們都對那小男孩羨慕不已，還爭著要摸一下他的翅膀，完全忘記了取笑他。

老師不禁感嘆，那是一個多麼睿智的母親，用這樣美好的故事維護孩子脆弱的自尊，又教給他感恩的道理。

　　我們在紅塵俗世裡跌跌撞撞，心裡有多少傷痕？我們可曾想過要感謝它？

　　恐怕大多數的人，都對這些傷口咬牙切齒，希望它們從來沒有出現過。可是，這些傷口也同樣是生活的恩賜，用感恩之心去看待它們，那麼所遭受的挫折都是前進的動力，所有的痛苦都是成全，所有的不公都是際遇。只要你願意，這些傷口都是讓你飛翔的天使的翅膀。

　　反之，如果你任由傷口在心中潰爛，那就是選擇了墮落 —— 這不是生活的錯，而是因為墮落遠比飛翔更容易，是你讓負面的力量成為自己的羈絆。

　　1921 年，路易士・勞斯任職某監獄的典獄長，那是當時最難管理的監獄。可是 20 年後勞斯退休時，該監獄卻成為一所提倡人道主義的機構。

　　當勞斯被問及該監獄轉變的原因時，他說：「這都歸功於我已去世的妻子凱薩琳，她就埋葬在監獄外面。」

　　凱薩琳是三個孩子的母親。當勞斯成為典獄長時，每個人都警告她千萬不可踏進監獄，但這些話攔不住凱薩琳！第一次舉辦監獄籃球賽時，她帶著三個可愛的孩子走進體育館，與服刑人員坐在一起。

　　她說：「要與丈夫一起照顧這些人，我相信他們也會照顧

我，我不必擔心什麼！」

一名被定有謀殺罪的犯人瞎了雙眼，凱薩琳知道後便前去探望。

她握住他的手問：「你學過點字閱讀法嗎？」

「什麼是點字閱讀法？」他問。

於是她教他閱讀。多年以後，這人每次想起她還會流淚。

許多犯人說她是聖母瑪麗亞的化身。在 1921 ～ 1937 年之間，她經常造訪，並且幫助那些服刑的犯人。

後來，她在一個交通意外事故中逝世。第二天，消息立刻傳遍了監獄。當她的遺體被放在棺材裡運回家時，代典獄長驚訝地發現，一大群最凶悍、看來最冷酷的囚犯，臉上帶著悲傷和難過的眼淚，齊聚在監獄大門口。

他知道這些人敬愛凱薩琳，於是轉身對他們說：「好了，各位，你們可以去，只要今晚記得回來報到！」然後他打開監獄大門，讓一大隊囚犯走出去，在沒有警衛的情形之下，去看凱薩琳最後一面。

結果，當晚每一位囚犯都回來報到。無一例外！

凱瑟·琳給犯人們尊重，她的善行溫暖了他們冰冷的心，拂去了他們心靈上的塵埃，而他們回報給凱瑟·琳的是

一顆感恩的心。

每個人都有一顆鑽石，只不過有的被欲望、煩惱、貪婪、仇恨、自私等蒙蔽了，而感恩無疑可以擦去這些塵埃，還給生活一個最真摯的靈魂。

無論生活給我們的是荊棘還是傷痕，我們都應懷著感恩之心，只有如此，荊棘才會變成玫瑰，傷疤才會變成翅膀。

感恩可以停止無益的擔憂

一個憂心忡忡的人，看到鮮花時，先會想到它枝幹上的荊棘，看到明月時，便會擔憂烏雲會遮擋住月光，看到活潑可愛的孩子時，又擔心長大了會變成罪犯。結果，他錯過品味花朵盛開時的美麗，錯過欣賞月光下的朦朧美景，錯過享受孩子最無邪的那段時光。

擔憂，讓生活匆促而過，卻什麼美好都未曾體驗。

居住在維吉尼亞州的斯科特說：「有一段時間我快要崩潰了。我擔心每一件事，我擔心自己太瘦，擔心自己掉頭髮，擔心永遠沒錢成家，我怕失去我想娶的女友，我擔心過得不夠好，我擔心別人對我的印象。我擔憂，因為怕自己得了胃潰瘍不能再工作，不得不辭職。我在自己內心不斷施加壓力，像個沒有安全閥的壓力鍋。壓力大到無法承受時，只有

爆發了……希望你永遠沒有精神崩潰過，因為沒有任何生理上的病痛，可以與心理痛苦相提並論。

「我的情況極為嚴重，甚至沒辦法與家人溝通。我無法控制自己的思緒。我內心充滿恐懼和擔憂，一點點小聲音都能令我心驚膽跳。我逃避所有的人。無緣無故的，我就會嚎啕大哭一場。

每一天對我來說都是煎熬，我覺得所有的人都遺棄了我 —— 甚至包括上帝。我甚至想跳河了結餘生。

後來我決定到佛羅里達州去，希望換個環境會有所幫助。當我上火車之前，我父親交給我一封信，告訴我到了那裡才能打開來看。我到邁阿密去找工作，不過沒找到。於是我就成天在海灘消磨時間。我打開信封看爸爸的信：『孩子，你已離家 1,500 英里，不過並沒有什麼改變，對嗎？我知道，因為你把你的煩惱帶去了，那煩惱就是你自己。』

『你的身心都健全，打敗你的不是你所遭到的各種狀況，而是你對這些狀況的想法。一個人的想法決定他是個什麼樣的人，當你想通了這一點，孩子，就回家來吧！因為你必已痊癒了。』

爸爸這封信把我惹火了，我希望得到的是同情，不是任何指示。我氣得當下就決定絕不再回家。當晚我在邁阿密街

頭閒晃時，經過一座教堂，裡面正在做彌撒。反正無處可去，我就進去了，正聽到有人唸著：『戰勝自己的心靈比攻占一個城市還要偉大。』我坐在天主的聖殿裡，聽著跟我父親信上所寫的同樣的道理 —— 這些力量終於掃除了我心中的一些困擾。這一生我第一次神清氣明，我發現自己愚不可及。我開始鄭重地反思自己，那讓我精神崩潰的事真的值得擔憂嗎？為了這些微不足道的事，我錯過了生命裡多少幸福啊？

我有多久沒有感謝別人對我的關心和幫助了？我實在是太愚蠢了！

認清自己，使我吃了一驚，我一直想改變整個世界及其中的每一個人，其實唯一需要改變的只是我的想法。我只是需要學會感恩，就可以解決我的煩惱。

第二天一早，我就收拾行李回家了。一週後，我找到了工作，四個月後，我娶了那位我一直害怕失去的女友。現在我們是有三個孩子的快樂家庭，在物質與精神兩方面，我都受到眷顧。

精神狀態不佳的那段時間，我擔任晚班工頭，帶領只有十幾個人的小部門。現在，我在卡通公司任職主管，底下有500多位員工。生活越來越富足，我知道自己更能掌握人生的真諦。即使有時會有一些不安的情緒（像每個人一樣），我

會告訴自己要感謝生活，要感謝它賜予我的幸福和苦難，於是又能平安無事。

我得承認我很慶幸有過崩潰的經驗，因為那次的痛苦使我發現，感恩的力量比身或心的力量都強大很多。

我現在知道我父親是正確的，因為他說過，使我受苦的並非情況本身，而是我對情況的想法。而感恩可以改變我習慣性的擔憂，一旦我向生活表示感激時，就沒有精力再為瑣事而擔憂了。一旦我真正體會到這一點，我就被治癒了，而且永不再犯。」

感恩如同輻射，是暗室裡燭光的那一點源頭，將光明從此擴散，引發人們自身的能量，驅走擔憂的黑暗。

我們應該把「感恩」這兩個字深深鐫刻在心裡：想想所有我們應該感謝的事，並真正感謝。

著有《我要看》一書的作者達爾，是一位失明了近五十年的婦人，她寫著：「我僅存的一隻眼上布滿了斑點，所有的視力只靠左側一點點小孔。我看書時，必須把書舉到臉面前，並盡可能靠近我左眼左側的僅存視力區域。」

但是達爾並沒有因此讓自己陷入擔憂之中，她並不打算接受憐憫，也不想享受特別的待遇。小時候，她想和小朋友一起玩遊戲，可是看不到任何記號，等到其他小朋友都回家

了，她才趴在地上辨識那些記號。她把地上畫的線完全熟記後，成了玩這個遊戲的佼佼者。她在家自修，拿著放大字體的書，靠近臉，近得睫毛都刷得到書頁。達爾沒有因為視力差而放棄學習，她修了兩個學位：明尼蘇達大學的學士及哥倫比亞大學的碩士。她起初在明尼蘇達州一個小村莊上教書，到後來卻成為南達科他州一個學院的新聞文學教授。她在當地任 13 年，並常在婦女俱樂部演講，上電臺節目談書籍與作者。她在書中說：「在我內心深處，始終不能擺脫完全失明的恐懼。為了克服這一點，我只有對人生採取感恩的態度，讓自己學會每天都開心地生活。1943 年，她已經 52 歲，卻發生了一個奇蹟；享譽盛名的梅育醫院的一項手術，使她恢復了比以前好 40 倍的視力。

一個全新的令人振奮的世界展開在達爾的眼前，即使在水槽邊洗碗對她來說也是一件令人興奮的事。她寫：「我開始玩弄盤子上的泡沫，我用手指攪起一個肥皂泡泡，對著光看，我看到了縮小的彩虹般的色彩幻影。」

從水槽上方廚房的窗戶看出去，她看到的是：「振動著灰黑色的翅膀、飛過積雪的一隻麻雀。」

能有幸親眼見到肥皂泡與麻雀，促使她以下面一句話作為《我要看》這本書的結束：「親愛的上帝，我不禁低語，我們的上帝，我感謝你，我感謝你。」

　　擔憂不能解決問題，卻會讓我們錯過生活的美好。事實上，我們身邊發生的事情只有 10% 是有問題的，另外 90% 都很順利。如果想生活得快樂，只要把注意力集中在那 90% 的好事上，不去關注那 10% 就行了。如果我們想要煩惱，沒有希望，那只要忽略那 90%，全神貫注去注意那 10% 就行了。

　　感恩可以讓你的注意力從那 10%，轉移到另外的 90% 上，進而保持平靜、愉快的心情，能有閒暇去體驗生活，讓自己生活得更有品質。

善行可以讓你生活得更有層次

　　富蘭克林說：「你對別人好的時候，也就是對自己最好的時候。」

　　就像水滿了會溢出來，當我們心中懷抱感激的時候，便也忍不住想把這份快樂分享給別人。當我們想為別人服務的時候，不僅沒有時間再去想自己的煩惱，而且還會因為幫助別人而獲得高層次的享受。

　　呂普博士癱瘓在床已經二十多年了，但是他生活得既老實又快樂，他遵循威爾士王子的誓言：「我服務大眾。」他收集了許多癱瘓病人的地址，然後寫鼓勵的信給他們，幫助他們從痛苦中走出來，感謝自己所擁有的。後來，他覺得自

己一個人的力量是有限的，於是組織了一個癱瘓者寫信俱樂部，讓大家寫信給大家。那些人發現，當自己在鼓勵別人從病痛的折磨中恢復生活的勇氣時，自己也同樣獲得了力量。現在，這個組織已經為成了全國性的。

呂普博士平均一年要寫 1,400 封信，給千萬同病相憐的人帶來歡樂。

為什麼一個癱瘓多年的人還能這樣善用人生？因為呂普博士懂得感恩，他因此獲得了強大的精神力量，他深切體會到為別人服務可以為自己帶來真正的歡樂。而他也正是用這個辦法，幫助那些癱瘓病人重新找到生活的價值與幸福。

有人抱怨社會的冷漠，但是社會不正是由我們每一個人組成的嗎？雖然不能期望每個人都心存感激樂於助人，但是我們可以讓自己成為這樣的人。根據「蝴蝶效應」的理論，一隻蝴蝶在紐約搧動一下翅膀都會引發太平洋上的颱風，那我們的善行又會帶來多少快樂啊！

紐約的蒙思太太說，在五年前的 12 月裡，她陷入自憐與悲傷的低潮，過了幾年快樂的婚姻生活後，她失去了她的先生。她和丈夫是如此恩愛，丈夫不幸去世，對她而言如同世界末日來臨。聖誕節時，朋友們都邀她去他們家，可是她不想，她知道她在任何一家都會觸景傷情，於是蒙思太太婉拒了他們的好意。聖誕夜那天，蒙思太太下午 3 點離開辦公

第五章　感恩是一種胸懷，報恩是一種境界

室，在第五大道漫無目的地閒逛，希望能趕走自憐與憂鬱的
情緒。街上充滿歡樂的人們，令她不得不憶起逝去的快樂年
華。在傷感之中，蒙思太太隨便坐上一輛公車，到了終點
站。那是個連地名也不知道的安靜和平的小地方。在等車回
去的時候，她隨便逛了逛住宅區的街道。她經過一座教堂，
裡面傳出優美的「平安夜」的旋律，蒙思太太走進去，裡面
沒有別人，只有一位風琴手。她靜靜地坐在教友席上，聖誕
樹的裝飾燈美極了。美妙的音樂加上她一天都沒吃東西，慢
慢地她睡著了。

　　醒來時，她看到前面有兩個小孩，顯然是進來看樹的。
其中一個小女孩指著她說：「她會不會是聖誕老人帶來的？」
他們穿得很破，蒙思太太問他們父母在哪？他們說他們沒有
父母。這兩位小孤兒的情況比她還糟。她帶他們看聖誕樹，
又帶他們去小商店買了些零食、糖果及小禮物。她的孤獨感
奇蹟般地消失了。這兩個小孩帶給她的經驗，告訴她要令自
己開心，唯有先使別人開心。

　　快樂是具有傳染力的，透過施予，才能獲得。因為幫助
別人、愛別人，蒙思太太克服了擔憂、悲傷與自憐，還有了
重生的感覺。

　　葉慈太太也同樣因為幫助別人，而重新找到了生活的意
義。故事發生在日本偷襲珍珠港的那天早晨。葉慈太太由於

心臟不好，一天會在床上度過 22 個小時。當年她以為自己的後半輩子都得臥床度過了。她說：「如果不是日軍來轟炸珍珠港，我永遠都不能再真正生活。」

「發生轟炸時，一切都陷入混亂。一顆炸彈落在我家附近，震得我跌下了床。陸軍派出卡車去接海、陸軍的家人到學校去避難。

紅十字會的人知道我床旁有個電話，問我是否願意幫忙做聯絡中心。於是我記錄那些海軍陸軍的妻小現在住在哪裡，紅十字會的人會叫那些先生們打電話來我這裡，找他們的眷屬。

很快，我發現我先生是安全的。於是，我努力為那些不知先生生死的太太們打氣，也安慰那些寡婦們。這一次陣亡的官兵共計 2,117 位，另有 960 位失蹤。

剛開始的時候，我還躺在床上接聽電話，後來，我坐在床上。最後，我越來越忙，忘了自己的毛病，我開始下床坐到桌邊。因為幫助那些比我情況還慘的人，使我完全忘了自己，我再也不用躺在床上了，除了每晚睡覺的八個小時。我發現如果不是日本偷襲珍珠港，我可能下半輩子都是個廢人。我躺在床上很舒服；我總是在等待，現在我才知道當時潛意識裡，我已失去了復原的意志。

　　珍珠港事件是美國史上的一大悲劇，但對我個人而言，卻是最重要的一件好事。這個危機，讓我找到我從來不知道自己擁有的力量，它強迫我把注意力從自己身上，轉移到別人身上。它也給了我一個活下去的重要理由，我再也沒有時間去想自己或照顧自己。我能做的，就是感謝上帝讓我還活著，然後盡力去幫助那些需要幫助的人。」

　　有那麼多人以為自己是世界的中心，如果生活有些不如意，他們就抱怨所有的人，包括他們自己。有人會說：「我又沒遇見孤兒，又沒遇上偷襲，我的生活如此乏味，什麼特別的事都沒發生過，這讓我怎麼去幫助別人？我有什麼理由去幫助他們？怎麼就沒人來幫幫我呢？」

　　可是，除非你離群索居，否則你每天總不免要和別人接觸，暫且不說那些陌生人吧，就談談你的家人和同事，你有想過去感謝並幫助他們嗎？你有沒有感謝母親為你洗衣做飯，並心甘情願地為她揉一揉僵硬的肩膀？你有沒有感謝同事幫你倒了杯水，而主動去關心一下他的胃病是否痊癒？

　　注意，這些事你或許都做了，可是做的時候，是以感恩之心去做的嗎？是毫不勉強去做的嗎？如果不是，那你又怎麼能從中獲得快樂和滿足呢？

　　波斯宗教家左羅亞斯托說：「對別人好不是一種責任，它是一種享受，因為它能使你健康與快樂。」

很多年以前，有兩個貧窮的大學生，為了賺取生活費與學費，他們想到一個賺錢的方法：找一位著名的鋼琴家，提出代辦個人音樂會的企劃，希望從中賺得更多的生活費。

他們找到的這位鋼琴大師是伊格納·帕德魯斯基。帕德魯斯基的經紀人便與兩位年輕人洽談，並提出大師的表演酬勞是 2,000 美元。

雖然這筆錢對這位鋼琴大師來說，是一個相當合理的演出價碼，但是，對這兩個年輕人來說卻無疑是個大數字，如果他們收入不到 2,000 美元，一定會虧本。

但是，兩個充滿信心的年輕人答應了，立刻開始拚命工作，直到音樂會圓滿結束。但整理帳目之後，他們發現只賺了 1,600 美元。

第二天，兩個人懷著忐忑不安的心情，來到鋼琴大師的家。他們把 1,600 美元全部給了帕德魯斯基，並承諾很快便會把積欠的 400 美元還清。

帕德魯斯基說：「不必了，孩子們。」

他接著把 1,600 美元遞給他們，笑著說：「從這筆錢裡扣除你們的生活費和學費吧！再從剩下的錢裡，拿出 10% 作為你們的酬勞，其餘再給我。」兩個年輕人十分感動。

多年之後，第一次世界大戰結束，帕德魯斯基回到波

蘭，並當上了波蘭的總理，經過戰爭衝擊，國內成千上萬的飢餓民眾在生死間徘徊。

身為總理的帕德魯斯基，為了解決基本民生，四處奔波。後來，帕德魯斯基找到美國食品與救濟署的署長赫伯特‧胡佛，請求他伸出援手。

赫伯特‧胡佛接到消息後，毫不猶豫地答應了。不久，上萬噸食品運送到波蘭，讓波蘭民眾度過了這場劫難。於是，帕德魯斯基總理為了感謝赫伯特‧胡佛，與他相約在巴黎見面，以親自表達謝意。

見面時，赫伯特‧胡佛說：「不用謝謝我，因為我還要謝謝您呢，帕德魯斯基總理，有件事您也許早就忘了，不過我卻忘不了啊！還記得有一年你幫助過兩位窮大學生嗎？其中一個受惠者就是我。」

有道德的人在接受別人的幫助之後，總會心存感激，並尋找機會報答。這樣的人因為懂得感恩，並能以實際行動回報，生活的層次自然要高於那些只顧自己的人，因為首先他們的精神就已獲得了滿足。

當你的心靈充實而豐富的時候，生活的幸福離你還會遠嗎？

換個角度看就會發現驚喜和感激

這個世界存在各種不同的標準，如果你只從自己的角度去衡量生活，那麼生活可能不如你意。可是你換一個角度，去找尋生活中令你驚喜的小細節，你會真正對這個世界感恩。

據說，有一個富翁，為了教自己那個每天精神不振的孩子知福惜福，就送他到當地最貧窮的村落住了一個月。一個月後，孩子精神飽滿地回家了，臉上並沒有帶著被「下放」的不悅，讓富翁感到不可思議。他想要知道孩子有何領悟，問兒子：「如何？現在你知道，不是每個人都能像我們過得這麼好吧？」

兒子說：「不，他們過的日子比我們還好。因為我們晚上只有電燈，而他們有滿天星星。

我們必須花錢才買得到食物，而他們吃的是自己土地上栽種的免費糧食。我們只有一個小花園，可是對他們來說，山中到處都是花園。我們聽到的都是城市裡的噪音，他們聽到的卻是演奏得美妙的自然音樂。我們工作時精神緊繃，他們一邊工作一邊大聲唱歌。我們要管理傭人、管理員工，有操不完的心，他們只要管好自己。我們要關在房子裡吹冷氣，他們卻能在樹下乘涼。我們擔心有人來偷錢，他們沒什

麼好擔心。我們老是嫌飯菜口味不好，他們有東西吃就很開心。我們常常無緣無故失眠，他們每夜都睡得好安穩……

「所以，謝謝你，爸爸，你讓我知道，我們其實也可以過得那麼好。」

富翁本以為讓兒子「吃苦」就會讓他懂得惜福，卻沒想到兒子學會的，遠遠超過他所能想到的。孩子用與富翁不同的角度去想問題，看到的是一個嶄新的世界，在驚喜中情不自禁地感謝生活可以如此美好。他領悟的是，雲淡風輕才是生活的真諦。

關於感恩節，還有一個有趣的小故事：故事發生在一所小學裡，一天老師決定在課堂上隨便問幾個問題，訓練一下孩子的語言表達能力。

「感恩節快到了，孩子們，你們可不可以告訴我，你們將要感謝什麼呢？」老師讓孩子們思考了一會，然後開始點名。

「琳達，你要感謝什麼？」「我的媽媽每天很早起來為我做飯，還給我買漂亮的裙子，我想，我在感恩節那天一定要感謝她。」

「嗯，不錯。彼得，你呢？」「我的爸爸今年教會了我游泳，所以我特別想感謝他。」「嗯，會游泳了，很好！傑克，輪到你了。」

「我們每年感恩節都要吃火雞，大大的火雞，肥肥的火雞，大家都非常愛吃。他們只是大口大口地吃火雞，卻從不想一想火雞是多麼可憐。感恩節那天，會有多少隻火雞被殺掉呀……」

「能不能簡短一些？你到底想說什麼呢，傑克？」傑克向四周望了一眼，然後，胸有成竹地說：「我要感謝上帝，感謝他沒有讓我變成一隻火雞。」

孩子看待問題的角度總是與成年人不同，他們或許並不明白感恩的真正含義，但這並不妨礙他們體悟到那份喜悅。

感謝生活給你的苦難

我們或許可以衷心地感謝別人對我們的幫助，卻很難同樣感激別人對我們的傷害。我們感謝生活給予我們豐富的果實，卻不能感謝它給予我們的苦難。

但是這樣的感恩是不完整的，它確實會提升你的精神力量，但還不能讓你的靈魂達到自由的飛躍。

南非總統曼德拉博大因為領導反對白人種族隔離政策，被白人統治者關在荒涼的大西洋羅本島上達數年之久。可就在他 1991 年出獄，當選總統後的就職典禮上，他卻邀請了 3 名羅本島的看守，並且站起身，恭敬地向這 3 名曾關押過他

的看守致敬。這個舉動震驚了整個世界，在場的所有來賓肅然起敬。

後來，曼德拉向朋友們解釋說，自己年輕時個性急，脾氣暴躁，正是在獄中學會了控制情緒才活了下來。他的牢獄歲月給他時間與激勵，使他學會了如何處理自己遭受苦難的痛苦。他說，感恩與寬容，經常是源自痛苦與磨難的，必須以極大的毅力來訓練。

我們之所以總是被煩惱包圍，總是充滿痛苦，總是怨天尤人，總是有那麼多的不滿和不如意，是不是因為我們缺少曼德拉式的寬容和感恩呢？當我們的思緒身陷囹圄的時候，應該想想曼德拉獲釋出獄當天的心情：「當我走出牢房、從通往自由的監獄大門邁出時，我已經清楚，自己若不能把悲痛與怨恨留在身後，那麼我其實仍在獄中。」

你是否把自己的心靈囚禁在了牢獄裡，選擇了怨恨，卻放棄了讓自己生活得更好的可能？得失之間，務必慎重啊。

我們不是聖人，可能無法做到去愛那些傷害、羞辱過我們的人，可是為了我們自己生活得健康和快樂，選擇原諒和遺忘才是明智之舉。把怨恨從心裡驅走，才有更大的空間來承載愛和感謝。

第二次世界大戰期間，一支部隊在森林中與敵軍相遇，激戰後有兩名戰士與部隊失去了聯繫。這兩名戰士來自同一

個小鎮。

　　兩人在森林中艱難跋涉，互相鼓勵、互相安慰。十多天過去了，仍未與部隊聯絡上，而食物也越來越少了。一天，他們打死了一隻鹿，依靠鹿肉又艱難地度過了幾天。也許是戰爭使動物四散奔逃或被殺光，這以後他們再也沒看到過任何動物。他們僅剩下的一點鹿肉，背在那個年輕戰士的身上，這是他們最後的依靠了。這一天，他們在森林中，又一次與敵人相遇，經過再一次激戰，他們巧妙地避開了敵人。就在自以為已經安全時，只聽一聲槍響，走在前面的年輕戰士中了一槍，傷在肩膀上！後面的士兵惶恐地跑了過來，他害怕得語無倫次，抱著戰友的身體淚流不止，並趕快把自己的襯衫撕下，包紮戰友的傷口。

　　晚上，未受傷的士兵守護著受傷的戰友，他一直重複著母親的名字，兩眼直勾勾的。他們都以為他們熬不過這一關。即使飢餓難耐，可他們誰也沒動身邊的鹿肉。天知道他們是怎麼過那一夜的。第二天，部隊救出了他們。

　　事隔 30 年，那位受傷的戰士說：「我知道是誰開那一槍，他就是我的戰友。

　　「當時在他抱住我時，我碰到他發熱的槍管。我怎麼也不明白，他為什麼對我開槍？但當晚我就原諒了他。我知道他想獨吞我身上的鹿肉，我也知道他想為了他的母親而活下

來。此後 30 年，我假裝根本不知道此事，也從不提及。戰爭太殘酷了，他母親還是沒有等到他回來。退伍後，我和他一起祭奠了老人家，那一天，他跪下來，請求我原諒他，我沒讓他說下去。我們又做了幾十年的朋友。」

可以試想一下，受傷的戰士如果始終記恨他的戰友，那他能得到什麼？報復？仇恨？這些對他的生活全無益處，反而會使他失去一個朋友和心靈的平靜。

每個人都會犯錯，也都可能會傷害到別人。別說是生死大事，就算是誰踩了誰一腳、誰說了幾句不中聽的話，可能都會有人記恨一輩子。怨恨就像毒蛇，可是它吞噬的不是你的仇人，而是你自己。

我們所收穫的，就是我們所栽種的。種下仇恨，收穫的就是災難、痛苦；種下寬容，收穫的則是感激、快樂。與其憎恨敵人，不如原諒他們，並感謝上天沒有讓我們經歷跟他們一樣的人生吧。面對生活給予我們的苦難，不如選擇坦然面對，並感謝上天沒有給我們更糟糕的生活吧。

不要把時間浪費在憤怒、仇恨、責難、攻擊和埋怨中，把時間用在更好地生活上吧。以感恩之心對待一切，苦難也就變得無足輕重了。

有一個沒有雙手的女孩，以自己的意志考上了大學，當

別人問起她的求學經歷時，她眼含淚水說：「我永遠都感激我的小學老師，是他為我打開了知識的大門。」

那是一個冬天，非常冷，女孩子因為自己的殘疾不能進入學校讀書，可是她是那麼渴望上學，於是就頂著寒風、趴在教室外的牆上聽老師上課。教師提了一個問題，班裡的學生都答不上來。已經聽得入迷的女孩子忘了自己是在「偷聽」，就把答案喊了出來。

老師聽到教室外傳來的聲音，感到很驚訝，就推開門出來看。女孩子嚇壞了，她以為這下子一定會被老師批評。沒想到，老師把她帶進了教室，並對學生們說：「以後讓她和你們一起上課吧，大家不要告訴學校。」就這樣，她上完了小學，並且取得了全校第一的考試成績。

可是，沒有一個中學肯錄取她，因為她沒有雙手。輟學在家的女孩，除了做些簡單的家務，還自學了中學的課程。她會用腳切地瓜絲、蒸包子、包餃子，還會用腳畫畫、寫毛筆。她的字端正大方，根本看不出來是用腳寫的。

後來，女孩子被一所大學破格錄取。軍訓時，她疊被子的情景讓老師驚訝，說那是最標準的，還說要把她疊被子的錄影，放給那些入伍的新兵看，讓他們看看有人用腳比他們用手做得更好。

　　女孩子的雙手，是因為母親離家出走而失去的，有人問她恨不恨那個不負責任的母親。女孩子說：「不，我從來都不恨她。我愛她。我總是覺得對不起她。她是因為精神有問題才會經常離家出走的。」一次，她的母親又一次離開家後，再也沒有回來。後來，在河裡找到了母親的屍體。一想起來，女孩子就淚流滿面，說：「是我沒有照顧好母親。」

　　沒有雙手，沒有母親，沒有一個富裕的生活環境，可是女孩從不怨恨，她曾寫過一篇作文，題目是《我最幸福》。這篇作文裡沒有一句抱怨，而全是對生活的感激，在全縣的一次作文比賽中得了第一名。

　　她的經歷如此坎坷，承受了太多的苦難。可是她卻感覺自己「最幸福」，把苦難全部接受，並當作是一種施予，以感恩之心面對苦難。她的生活也因此不曾被苦難所束縛，而是不斷向她展現美好，讓她越走越開闊。

　　感謝生活賜予的苦難，因為這是難得的人生經驗，有了鹽的對比，糖才更加甜；有了痛苦和磨難，生活的美好才更加讓人珍惜。

第六章
用愛感化堅冰，因愛得到真情

　　我們提倡做人要捨得，做事要捨得，利益面前要捨得，情感上更要捨得。人畢竟是感情動物，只有付出你的感情，付出你對別人的愛，才能得到別人的感情回報。樂於付出感情的人可能容易被人欺騙，但也容易贏得別人的愛與敬。而那些唯恐受騙、吃虧的人，是從荒漠裡走進人生的死胡同。

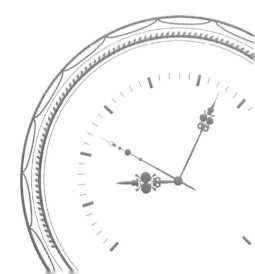

捨得一點愛，收穫的是整片天空

　　有一對貧窮的夫婦，約翰和妻子珍妮。約翰在鐵路當維修工人，又苦又累；珍妮在做家事之餘，就去附近的花店幫忙，以補貼家用。

　　冬天的一個傍晚，夫妻倆正在吃晚飯，突然響起了敲門聲。珍妮打開門，門外站著一個凍僵了的老人，手裡提著一個菜籃。「夫人，我今天剛搬到這裡，就住在對面。您需要一些菜嗎？」老人的目光落到珍妮充滿補丁的圍裙上，神情有些黯然了。「要啊！」珍妮微笑著遞過幾個便士，「紅蘿蔔很新鮮呢。」老人渾濁的聲音裡有了幾分激動：「謝謝您了。」

　　關上門，珍妮輕輕地對丈夫說：「當年我爸爸也是這樣賺錢養家的。」

　　第二天，小鎮下了很大的雪。傍晚的時候，珍妮提著一罐熱湯，踏過厚厚的積雪，敲了對面的房門。

　　兩家很快成了好鄰居。每天傍晚，當約翰家的木門響起賣菜老人的敲門聲時，珍妮就會捧著一碗熱湯，從廚房裡出來迎接。

　　聖誕節快來時，珍妮與約翰商量著，希望從開支中，省出一部分來給為老人賣件衣服：「他穿得太單薄了，這麼大的年紀每天出去受凍，怎麼受得了。」約翰點頭默許了。

　　珍妮終於在平安夜的前一天把衣服做好了。平安夜那天，珍妮還特意從花店帶回一枝處理的玫瑰花，插在放衣服的紙袋裡，趁著老人出門購菜，放到了他家門口。

　　兩小時後，約翰家的木門響起了熟悉的敲門聲，珍妮一邊說著聖誕快樂，一邊快樂地打開門，然而，這回老人卻沒有提著菜籃。

　　「嗨，珍妮，」老人興奮地微微搖晃著身體，「聖誕快樂！平時總是接受你們的幫助，今天我終於可以送你們禮物了，」說著老人從身後拿出一個大紙袋，「不知哪個好心人放在我家門口的，是很不錯的衣服呢。我這把老骨頭凍慣了，送給約翰穿吧，他上夜班用得。還有，」老人略帶羞澀地把一枝玫瑰花遞到珍妮面前，「這枝花給你。也是插在這紙袋裡的，我淋了些水，它美得像你一樣。」

　　嬌豔的玫瑰上，一閃一閃的，是晶瑩的水滴。

　　奉獻愛心，去愛每一個人，是每個人都很容易做到的事。一句話、一個微笑、一束花就夠了，這對我們來說，並不會損失什麼，卻可能因此而幫助別人走出困境，同時也美麗了自己的一生，何樂不為呢？

　　因為取得成就是個耗費時間的過程，也是大家參與的過程。一個人要是占別人便宜，他未來的機會就會減少，樂意助他一路成功的人的數目也會減少。無數事實也證明，一個

第六章　用愛感化堅冰，因愛得到真情

人的成就，大致上是與他的施與成正比的。就像艾森豪所說的：「世上沒有折扣價買來的勝利。」而他本人正是一個合作精神的受益者。

有一個故事很能說明問題。那是在尼泊爾白雪覆蓋的山路上，刺骨的寒氣伴隨著暴風雪，讓人很難睜開雙眼。有個男人走了很久，都始終看不到人跡，好不容易遇到一個旅行家，兩個人自然而然成了旅途上的同伴。有了同伴感覺安心多了，但是為了節省熱能，只有默默不語繼續往前走。半路上，他們看到了一個老人倒在雪地裡，如果置之不理，老人一定會被埋進雪中，就這樣凍死。「我們帶他一起走吧，先生，請你幫幫忙。」同伴聽到男人的提議很生氣地說：「這種惡劣的氣候，照顧自己都困難，還顧得了誰啊！」便獨自離去了。

這個男子只好背起老人繼續往前走。不知過了多久，他全身被汗水浸溼，這股熱氣竟然溫暖了老人凍僵的身體，老人因此慢慢恢復了知覺。兩人將彼此的體溫當成暖爐相互取暖，就此忘記了寒冷的天氣。

「得救了，老爺爺，我們終於到了。」遠遠看見村莊時，男人高興地對背上的老人說。但是他們來到的村子路口，卻聚集了一大群人在議論紛紛。到底發生什麼事了呢？男人往人群中擠了進去，探頭一看，原來是有個男人僵硬地倒臥

在雪地上。當他仔細觀看屍首時，簡直嚇了一大跳，凍死在距離村子咫尺之遙的雪地上的男人，竟然就是當初為了自己活命，而先行離開的那個同伴。就這樣，一個人因為幫助了別人而幫助了自己，而另一個人卻因為放棄別人而放棄了自己。

「愛別人就是愛自己」，這句很經典的話，其實已說出了人際關係的「核心祕密」——你付出別人所需要的，他們會相對地給予你所需要的。「給予就會被給予，剝奪就會被剝奪。信任就會被信任，懷疑就會被懷疑。愛就會被愛，恨就會被恨。」生命，也正像是一種回聲。你送出去什麼它就送回什麼，你播種什麼就收穫什麼，你給予什麼就得到什麼。你幫助的越多，你得到的也會越多；而你越吝嗇，也就越可能一無所獲。

用愛心實現人生價值的最大化

人的價值，就是指人對自己、他人乃至社會需要的滿足；人的價值包含兩個方面，其一是社會價值，其二是人的自我價值。具體地說，就是人透過自身的實踐活動，充分發揮其體力和智力的潛能，不斷創造出物質財富和精神財富，在滿足自身需要的同時，滿足他人和社會的需要。簡而言之，人生價值在於其對社會的貢獻。

　　奉獻著的人是快樂的，並且還可以把這種快樂，傳遞給更多的人。把自己的所得放下一點，奉獻給他人，那麼，原本只是你 —— 個人擁有的東西，就會有人與你分享，而你呢？在放下的同時，收穫的是他人的快樂，你也就會感覺到快樂。

　　下面講 —— 個關於石橋的小故事：

　　雨過天晴。晴朗的天空中，掛起了一道漂亮的彩虹。

　　彩虹看到一座弧形的石橋，便對石橋說：「我的大地上的姐妹，你的生命比我長久。」

　　石橋回答：「你那麼美，在人們的記憶中一定是永恆的。」

　　彩虹猶如曇花一現，石橋的生命相對來說長久的多。石橋也沒有彩虹絢麗，不過，石橋雖然不怎麼好看，但它長年扎根於河的兩岸，默默地承受著車來人往，這就是它生命的價值；彩虹的存在，即使只是雨過天晴的瞬間，但是它的美麗，卻讓人留下永久的記憶，這同樣是生命的價值。

　　彩虹放下了永恆，石橋放下了絢麗，但是它們卻都拿起了它們想得到的東西。

　　生活中，有很多人正像石橋那樣，長期、默默地奉獻著自己。

生活因奉獻而快樂，生命因奉獻而燦爛。

奉獻是一種自我犧牲行為。它是為了實現某一事業或理想，不顧個人得失，拋棄自己的利益，甚至犧牲生命的行為。不同時期，它有不同的內容和表現形式。但就其核心而言，處理的是個人與社會的關係問題。一方面，從個人角度來講，透過奉獻行為，個人價值得以體現；另一方面，就社會而言，個人的奉獻行為，滿足了一定的社會需求，並得到社會的承認。

愛的力量足以支撐生命

很多年前，曾看過一篇翻譯小說，是敘述第一次世界大戰時期，發生在歐洲戰場上的一個故事。當時，德法兩國交戰，戰況激烈，雙方都死傷累累。

一次戰役後，雙方暫時偃旗息鼓，開始清點死傷的士兵，同時派出醫護人員巡視戰場，搶救傷患者。由於醫護人員不足，只能先搶救那些尚有一息痊癒希望的傷患者，對於那些傷勢過重，根本不可能有生存機會的傷兵，就只能放棄了。

有一位法國士兵，傷得很重，奄奄一息，不能說話，也無法動彈，軍醫檢查了一下他的傷口，對其他人搖搖頭說：

「傷得太重了，恐怕活不到明天早上！」

說完，就丟下他，轉身巡視其他傷兵。

這個法國士兵大驚，內心十分焦灼惶恐，不斷地在心裡吶喊：

「求求你們，不要丟下我不管啊！」

「救救我，我還不想死……」

只不過，他傷得實在太重了，發不出任何聲音來阻止他們，只有眼睜睜地看著他們離去，心中充滿悲傷絕望。戰場上像死一般的沉寂，身旁除了那些死去的夥伴之外，再也沒有一個人。

夜，越來越深，他感到死神一步步向他逼近，他恐懼極了：他不能死啊！他不想死啊！他還有美麗的妻子，初生的嬰兒，他們需要他；而他，還年輕啊！

他的眼皮越來越沉重，不斷地往下垂。他很清楚，只要一昏迷，他就永遠醒不過來了，永遠回不到他的家鄉，見不到他的妻兒。

他努力抗拒著死神的召喚，為了保持清醒，他強迫自己回想以往那些美好的日子。

他的出生地，法國南部鄉下一個美麗的小城鎮，一望無際、隨風波濤起伏的麥田，他的那些小玩伴，一起在麥田中追逐嬉戲，多麼快樂無憂的童年啊！

17 歲時，他第一次見到現在的妻子，金黃色的頭髮在陽光下閃閃發光，一雙清澈的大眼睛，比夏日的晴空還要明亮，他立刻就愛上了她。

那是多麼甜蜜、令人陶醉的歲月啊！青春的生命，真摯的愛情，他們被彼此深深地吸引著。

至今，他仍然記得，他們第一次的約會，第一次的擁吻……可愛的她終於接受了他的求婚。他欣喜若狂，恨不能將這個好消息告訴全世界的人。

婚後沒有多久，他們就有了自己的寶寶。當妻子告訴他這個消息時，他滿懷感恩，上蒼如此厚待他，人生幸福圓滿、無一缺憾。

抱著初生的嬰兒，他有著為人父者的驕傲，這是他生命的延續。他默默告訴自己，一定要好好栽培兒子，讓他接受最好的教育，順順利利地長大……

然而，此刻他卻無助地躺在戰場上。天啊！他不能死啊！他不能讓他美麗可愛的妻子年紀輕輕就做了寡婦，尚在襁褓中的稚子成了無父的孤兒，他不能死在這裡，他一定要回去，他的妻兒都在等著他。

夜色漸漸退去，天亮了，醫護人員再一次巡視戰場，發現他一息尚存，大感驚訝地說：

「這個人原來已經沒救了，居然還能撐到現在，真是奇蹟！」

他們把他抬回後方，在細心的照顧下，這個法國士兵終於恢復健康，回到他日夜思念的故鄉，回到他妻兒的懷抱。

這個故事深深感動著一位生病的朋友，讓他明白，支持我們活下去，最大的力量就是愛啊！

病了這麼多年，這位身心遭受磨難的人，實非外人所能想像，特別是幾次瀕臨死亡的邊緣，連醫生都已經搖頭嘆息，可是只要他一想到年邁的雙親，他就覺得不能丟下他們不管，怎能忍心讓白髮人送黑髮人。

還有很多愛他、也被他所愛的朋友，他多麼捨不得離開他們。對於這塊土地，他眷戀日深，還有很多事想做……每次想到這些，求生的欲望油然而生，一次又一次，這位打敗了死神，轉危為安的人，人們都以為是奇蹟，他卻說不是 —— 是因為愛！

想想看，在我們一生中，有多少值得我們愛的人和事，有多少的牽掛不捨，即使生命中也有那麼多磨難眼淚，但因為這些愛，就讓我們好好活下去吧。

聆聽蘊含著真愛的魅力

每一個人都喜歡講述自己的事情，希望找到一位忠實的聽眾。在人際互動中，學會傾聽別人講話，和自己講話一樣重要。如果你想做一個受人歡迎的人，關愛別人的人，那麼先不妨從做一個善於傾聽別人談話的人開始。聆聽別人談話也是一種關愛的表現。

在美國內戰最緊張的時候，林肯度過了一個極為煩惱的時期。在他心情不好的時候，他想找一位朋友來談心，於是寫信給在伊裡諾斯居住的一位老朋友，請他到華盛頓來商量一些問題。

這位老朋友到白宮來拜訪他，林肯感到非常高興。林肯興致一來，竟然與之談了數小時關於解放黑奴的問題。數小時以後，林肯與他的老朋友握手互道晚安，送他回伊裡諾斯。在整個談話過程中，林肯並沒有徵求老朋友的意見，所有的話都是林肯在說，而他的老朋友則沒說什麼，只是一直在傾聽，陪著林肯度過了這麼長的時間，好像是為了舒緩林肯的心情而來的。

後來，這位老朋友對林肯說：「談話之後，你似乎稍感安適。你當時並未要求我提出建議，所以我只能充當一位友善的、關愛的靜聽者，使你得以發洩苦悶，而事實證明，我的

做法是正確的。」林肯對此非常滿意，以後他們之間的友誼更加深厚了。

可見，傾聽對於一個需要傾訴的人來說，是至關重要的，不要忽略了傾聽中蘊含的愛的魅力。

我們經常看到這樣一個事實：有些商店的地址處在非常繁華的街道上，出售的商品也非常豐富，但是由於店員不善於傾聽顧客的意見，經常不禮貌地打斷顧客的講話，所以常常惹得「上帝」發火，進而不再光顧這家商店。如果在你的身邊也發生過類似的問題，不妨從烏托的經歷中，借鏡一下部門經理的經驗。

烏托從商店買了一套衣服，很快他就失望了，衣服褪色，把他的襯衫領子染黑。他拿著這件衣服來到商店，找到賣這件衣服的店員，向他說明事情的經過。他只是想說說事情的經過，可沒想到，店員總是打斷他的話。店員聲明說：「我們賣了幾千套這樣的衣服，你是第一個找上門，來抱怨衣服品質不好的人。」他的語氣似乎在說「你在撒謊，你想誣賴我們，等我給你個顏色看看。」

就在雙方吵得正凶的時候，第二個店員走了進來，說：「所有深色衣服開始穿時都會褪色。一點辦法都沒有。特別是這種價錢的衣服，這種衣服是染過的。」

烏托先生敘述這件事時強調說：「當時我差點氣得跳起來，第一個店員懷疑我是否誠實；第二個店員說我買的是次級品，我氣死了。我準備對他們說：『你們把這件衣服收下，隨便扔到什麼地方，見鬼去吧！』」

正在這時，這個商店的負責人來了。他很專業，他的做法改變了烏托的情緒，使一個被激怒的顧客，變成了滿意的顧客。這位部門負責人先是一句話也沒講，聽烏托先生把話講完。然後，又聽那兩位店員把話講完，那兩個店員又開始陳述他們的觀點時，他開始反駁他們，替烏托先生說話。他不僅指出烏托先生的領子，確實是因衣服褪色而弄髒的，而且還強調，說商店不應該出售使顧客不滿意的商品。後來，他承認他不知道這套衣服為什麼有問題，並直接對烏托先生說：「你想怎麼處理？我一定照你說的做。」

後來，烏托先生不但沒有把這件可惡的衣服扔給他們，反而高高興興地離開了商店。

每一位遭受困難的人，都需要別人真心地聽他講話。每一位被激怒的顧客、被解僱的員工，都有一肚子委屈需要向人訴說。如果你想成為一名好的對話者，那麼首先應該做一名善於傾聽別人講話的人。千萬不要忘記，靜靜地傾聽別人講話，是對別人的關愛，是一種美德。

在這個充滿喧囂和五光十色的社會裡，人們難免會有疲憊，難免會有苦惱，或事業受挫，或戀愛告吹，或遭流言中傷。生活就是這樣，你無法拒絕這不期而遇的苦惱。有的人，由此神情沮喪、士氣低落、脾氣暴躁、情緒失常。陷入此境的人，很需要宣洩的通道，需要有人聆聽他（她）的傾訴。我們如果給予理解和真誠的領導，明天他或她仍會是搏擊長空的鷹。相反地，如果沒有人願意聆聽苦惱人的傾訴，或是隨意和委婉地打發人家，那麼無非是把他（她）推向更不愉快的境地，甚而成為落羽的鳳凰。

因此，我們要善於聆聽別人的話，對你的同學和同伴、同事、同仁，對你的父母、兄弟、姐妹、丈夫、妻子、戀人、朋友都要這樣。

身處逆境也能讓愛心發出耀眼的光芒

和善地對待他人，因為你碰到的每一個人都在打一場更艱苦的仗。活著，如不是為了讓彼此生活更容易，那還能為了什麼？

1991 年 8 月的一個風雨交加的夜晚，一位手腳不方便的男人，開著他那輛裝設了特別輔助器具的車子，在風雨中前行。

突然，他的車子爆胎了。因為手腳不方便，他沒有辦法自己下車獨自換輪胎。在風雨交加的路邊，他苦等了許久，始終也沒有一輛路過的車子肯主動停下來幫他的忙。

這時候，他發現不遠處有一棟亮著燈光的小房子，於是他把爆了胎的車子，向前緩緩地開去，並按了幾十次喇叭，希望屋內的主人願意出來幫忙。

不多久，一個小女孩出來開門。他於是搖下車窗大聲告訴她，因為他的輪胎爆了，需要有人幫忙更換，但因為他跛腳，沒法自己換，需要幫忙。

小女孩進入屋內，沒過多久，便穿著雨衣與一位男人一起出來，男人神情愉快地與他打了聲招呼。

跛腳的他坐在乾爽的車內，覺得在車外暴風雨中，為自己換胎的男人與小女孩很可憐。雖然輪胎換得很慢，使他開始覺得有些不耐煩，但他還是決定待會要多付點錢給他們。

在漫長的等待後，車的輪胎終於換好了。這時候，他才看清楚剛才幫他換胎的男人，竟是個佝僂的老人；穿著寬大的雨衣的他，看起來很虛弱。一旁的小女孩大概八到十歲的年紀，她可愛的臉龐帶著微笑。

老人說：「這樣的天氣車子出問題真糟糕，不過都修理好了。」

「謝謝！我該付您多少錢？」

老人搖搖頭：「我孫女告訴我你的腳不方便，我很樂意幫忙。我知道如果是你，你也會幫我忙的。不用付，朋友。」

男人大吃一驚，拿出紙鈔：「不，付帳是應該的。」

這時候小女孩靠近車窗，小聲說：「爺爺看不見。」

霎時，驚愕與羞愧淹沒了他。

一個盲人和小女孩，在黑夜中用溼冷的手指，摸索螺栓和工具，在風雨交加中為他換好輪胎。而他，卻一直待在暖和的車中，什麼也不做只是等待。在這樣的情況下，到底誰是真正的殘障？

經過了這次事件之後，這個男人再也不為自己肢體障礙自怨自艾，而原本因自憐導致的長期冷漠、自私，也因這次的體驗完全消融、不復存在了。

當我們專注於自己生活中種種的缺陷、不快境遇的時候，常會不自覺地被挫折感與沮喪的情緒所淹沒，而覺得「十有九輸天下事，百無一可意中人」的說法的確貼切。漸漸地，自私、防衛性強，對別人的需要冷漠，不體諒別人，進而對別人的需要變得麻木遲鈍。這常成為許多屢屢失意、陷入低潮的現代人的共同特徵。

幸好在這世上，還有許多即使身處弱勢、逆境的人，還能開朗、熱忱地與旁人分享他們的喜悅和熱情。他們深信，唯有付出愛，才能享受愛。

找尋幸福的唯一方法就是施與愛

找尋幸福的唯一方法，就是不要期待感謝，而是盡量地將愛施與他人，真正的愛是不求回報的付出。

有一位德克薩斯州的商人，他因為碰到忘恩負義的事情而憤慨不已。如果跟他聊天的話，不需要 15 分鐘，他就會對你提起那件不愉快的事。事情的經過是這樣的：

在聖誕節的前夕，他公平地發獎金給 35 個傭人，每人大約獲得 300 美元，可是他沒有得到半句感謝的話，雖已是將近一年前的往事，他依然耿耿於懷，一想到這事，他就會咆哮地說：「當初應該一分錢都不給他們！」

再聽聽路斯‧思瓦福敘述他這方面的經驗。他曾救過某銀行的一位經理，這位經理因挪用公款購買股票，後來不但賠了錢，事情也敗露了。於是他就替這位銀行經理繳納了虧損的公款，使其免除牢獄之苦。起初這個經理還挺感激他的幫助，但是後來竟對他產生了反感的心理，不僅不尊敬他，反而以卑鄙的言語辱罵這位救命恩人。

　　古羅馬帝國時代的思想家馬可‧奧理略（Marcus Aure-
lius）曾在他的日記裡記下這麼一段話：「今天我要接見一位
口齒伶俐、自私且自以為是，不懂得如何感激人的人，可是
我並沒有產生絲毫的恐懼或不安，我可以想像得到，那個人
的世界是多麼的孤單。」

　　如果我們一直因為他人的忘恩而耿耿於懷，感到不平的
話，那麼我們的人生就會充滿憤怒和不滿。所以在我們奉獻
愛心，施恩惠給他人的時候，內心最好不要存有期待回報的
想法。人會忘記感謝付出愛心、施恩給他的人，這是很自然
的現象；為期待感謝而煩惱，這是得不償失的。

　　有一個家庭很貧窮，可是他們每年都捐款給俄亥俄州的
育幼院。他們從未去過育幼院，而育幼院除了書信的致謝
外，也從來沒有親自登門感謝過。這個家庭的成員也從未抱
著期待報答的心理，他們只是覺得，能夠拿出一點力量奉獻
愛心，使少部分的小孩獲得舒適的生活，是一件值得讓人欣
慰的事情。

　　先哲亞里斯多德曾這麼說過：「所謂理想人，若能施予他
人親切，就感覺到歡喜；認為接受他人施予的親切，就覺得
是羞恥之事。為什麼會有這樣的想法呢？因為與人親切，能
使人產生優越的心理；反之，則變為劣勢。」

　　所以，人們要尋覓幸福之源的路，對於感謝和忘恩的事情不要惦記；盡量地給他人快樂的笑聲和不求回報的愛。

愛為世界換上新面孔

　　愛默生（Ralph Emerson）曾說：「愛，將會給這個充滿敵意的舊世界一張新面孔。」

　　曼徹斯特有一位仁慈者叫湯瑪斯·萊特，他一生都在做受人冷落的囚犯的朋友。他沒有什麼社會地位，也沒有多少財富，但他有一顆寬宏大肚的愛心。

　　湯瑪斯所受的教育不多，他早年從他母親那裡獲得了良好的品德教育，造就了他唯善是從的心理。在他很早的時候，他便把他的心思放在無依無靠的罪犯身上，他知道社會對犯人的歧視，即使他們在監獄裡已改正，並打算重新做人。湯瑪斯先生家住監獄附近，他希望能夠接近獄中的囚犯，可是很長時間他並沒有得到允許。後來，他同事的父親在獄中當看守，他把湯瑪斯介紹給了監獄長。

　　經過幾番溝通，監獄長終於同意他在監獄裡自由地活動。湯瑪斯親自訪問囚犯，與他們談心，替他們出謀劃策，鼓勵他們改邪歸正，把消息傳遞給他們的家人，盡量使自己成為他們的朋友和恩人。在囚犯出獄時，他常常約見他們，

將他們送回家，並用自己的微薄之力幫助他們，供給他們生活費用，然後盡力幫他們找到工作。

在大多數情況下，湯瑪斯都獲得了成功，工廠主人也開始相信他，並且知道他是一個善良而仁慈的人，不會替他們出錯主意。出於對他的信任，他們開始雇傭出獄的囚犯。湯瑪斯先生默默地為犯人做好事，在僅僅幾年的時間裡，他成功地為 300 名犯人找到了工作。他甚至幫助女酒鬼們找到歸宿，為鬧彆扭而出走的夫妻做調解工作。就這樣默默無聞地工作了幾年，他的行為受到了官方的注意，威廉上校在關於監獄狀況年度工作報告中提到了他的名字，聲稱與湯瑪斯深交的罪犯，大部分都已重新做人。罪犯們信任和依賴他，幾乎完全來自於他的樸實、謙虛以及慈父般的為善方式。

有時，湯瑪斯先生一時不能為這些出獄的罪犯找到工作，他或者把自己的錢借給他們，或者在自己的朋友中進行一次募款，把他們送出國。他先後送了 960 名犯人出國，使他們在新的、與舊時熟人相隔離的環境下重新生活。在這些幫助過的犯人中，有人寫信給他，親切地稱他為「養父」、「父親」、「朋友」、「慈父」。

湯瑪斯先生一生很清貧，他幾乎把僅有的收入，都投入到出獄囚犯的解救和出國之中。他的行為，不僅感化了曾經誤入歧途的犯人，幫助他們擺脫了昔日罪惡的生活，同時給

孤立無援的犯人一片溫暖，幫助他們度過生活的難關，他的行為也深深地感動了每一個有良心和愛心的人。

如果我們希望人們生活得更加美好更加幸福，希望曾經給我們和社會帶來苦難和屈辱的人棄惡從善，就必須求助於一種更偉大、更仁慈的力量，即善的力量：愛可以使世界變得更加美好，一片愛心也會給自己帶來真情的回報。

暴力是陰魂不散的魔鬼，一有機會便肆虐人間，它使不正常的報復心瞬間脫胎成仇恨，在「以牙還牙，以血還血」，貌似正義的旗幟下，製造著腥風血雨。人們一旦被暴力壓制住，往往會滋生牴觸情緒，時不時以凶殘、憎恨、邪惡和犯罪等方式爆發出來。

而友善則是消除反抗、撫平憤怒情緒、融化鐵石心腸的天使，它能夠戰勝邪惡，使生活更加美好，更加錦上添花。

這是一個真實的故事：一片血雨腥風之中，屍橫遍野。一個白髮蒼蒼的母親是唯一的倖存者，她剛從一個地窖中出來，這時幾乎所有的敵軍機槍都對準了她的腦袋。空氣彷彿都靜止了，她蹣跚地走到一個年輕的已經死去的敵軍的屍體旁邊，脫下她單薄的衣服：「多可憐的孩子呀！」她把衣服蓋在士兵的身體上，又蹣跚而去。這時所有的敵軍士兵垂手而立，眼裡閃動著淚花。畫面就這樣靜止了。

多少例子說明，善能克惡，仁愛可以完成很多訴諸武力和暴力所完成不了的事。用暴力和武力，囚禁不了人們的思想，取而代之的只有反抗。

高情商者有化惡為善的力量，會用愛來感化惡的靈魂。這才能充分體現情商是一種藝術，一種控制自身情緒和感染他人情緒的藝術，這種藝術，需要我們用一生的時間去追求。

感動是溫暖世界的力量

身為一個為社會創造財富的人，不僅應該具有冷靜沉著的理性，還要有豐富熱情的感性。只有冷靜與熱情並重，理性與感性並存，你才能真正地擁有財富，並得到眾人的支持。

每週一，戴爾公司的各個小組都要開會，討論本周工作。

一天，　會議將結束石，那個胖胖的公司區經理查理斯突然出現在會場上，他一改平常笑容可掬的神態，不無拘謹地對員工們說：「對不起，我能占用大家 5 分鐘時間嗎？」得到許可後，他用極為嚴肅的口氣說起了前一天發生的事。「那天，天下著大雨，已經是晚上 7 點多鐘了，公司裡還有員工在加班。這時，一位女員工 10 歲的孩子，因為父親沒能

按時回家，自己一個人在家害怕，又沒有飯吃，便撐著傘到公司找媽媽。恰巧這位女員工此時不在公司辦公室，其他人都在忙著各自的事，無暇顧及別的事。孩子看了看，調頭回去了。路上，孩子又冷又餓，找了個路旁賣食物的老人，想向他要點吃的，老頭問孩子有沒有錢，孩子說沒有，老頭搖搖頭，說沒有錢什麼都不能給。孩子感到很孤獨、淒涼和委屈，坐在溼漉漉的地上大哭起來。

「這時正好有一個員警走過來，問孩子發生了什麼事，孩子把情況敘述了一遍，員警將全身溼透的孩子從大街上送回公司。

「值得慶幸的是這個孩子沒出什麼事。」查理斯動情地說，「如果真有什麼三長兩短，公司將負怎樣的責任？也許，我們將因此失去一位好員工！」

他停頓了一下，挪了挪腳，看看四周一片寂靜，辦公室的氣氛變得緊張起來，那麼多雙大大小小的眼睛，都瞪著這張看上去略顯粗糙的臉，彷彿那個可怕的夜晚和可怕的事件就要來臨似的。

這時，查理斯的音調提高了一些：「我們公司是富有人情味的公司，而且，這也是我們公司的傳統。尊重人是公司的哲學，也是拓展事業的基石。我們尊重每一個公司員工以及全世界所有與本公司有關的人，並對他們一視同仁。我們的

行動和行為，必須表明和證實我們互相愛護，並互相尊重各自的貢獻。」

接著，查理斯的語調變得擲地有聲：「現在，我宣布公司的一個新規定：從今天起，任何時候，只要有本公司員工的家屬，包括孩子、婦女、老人到公司裡來，在公司辦公室的員工，不管是誰，不管在做什麼，必須——」他停了一下，又加重語氣重複，「必須有人放下手裡的所有工作，負責專門陪伴這位家屬，直到找到他在公司的親屬，或者負責安置，直到送其回到家裡。」

查理斯鬆了口氣，目光也緩和了下來，仍不失斯文地最後說：「對不起，我占用大家時間了。謝謝大家！」

短短的 5 分鐘，一頓嚴肅的「責難」，卻讓公司全體員工無不為之感動。尤其是女員工們，為查理斯像母親一樣的細心和周到，熱烈地鼓起掌來。

查理斯因為這個小小的講話，顯得更有「人情味」了，並且博得了比以往更加好的評價。

一位員工說：「我感覺他非常善良，比較照顧周圍的人，而且不是應付也不是應酬，是發自內心的關心。他把我們當朋友，他付出從來不求回報，他很平等待人，而且做人很正直。很多事情我們覺得很困難，可是他卻說，你看我們還有這麼多希望……跟他在一起工作很高興。生活永遠是兩面

的，你看到一面特別搶眼，就看不到另外一面，它啟發我們看另外一面，困難的時候，我們也沒這麼愁雲慘澹，很開心就過來了。他的性格也很好，這些都影響了我們。」

事實上，感動別人很簡單，只要你有一顆感恩之心，你願意幫助別人就行。然而，從另一方面說，想感動別人也非常難，你除了要真心誠意外，還要注意細節上的處理，也就是說要注意態度和方法，要能在感動的同時表達出尊重之意，要給別人留面子，保護別人的隱私等。否則，感動不成，還可能演變成互相的傷害及衝突。

托尼是一家飯店的經理，最近在他的員工中，有一個年輕的員工家庭遭到了意外，全家的生活陷入窘境。可是他知道那是個好強而倔強的年輕人，如果提出要借錢給他，恐怕他不願意接受，因為這會是傷面子的事，他一定不會接受。

可是托尼是真心想幫助他，托尼決定乾脆送他一些錢，因為對自己來說，數目不多的錢，對他卻能解決不少困難。所以，托尼決定每月匯一次款給他。匯款人姓名和地址都是假的，目的是不給他增加心理壓力。

第一次匯款後不久，托尼便發現那名員工每次看到他的神情都有些異樣，總是深深地低著頭，顯得心情沉重而不安。看他那神情，似乎是從筆跡中猜出了誰是匯款人。這似乎讓他敏感且自尊的心感到了不安。托尼暗暗地責怪自己沒

有把事情做得周全些。

　　第二次匯款時，他在其中寫了一句話：「你只有坦然地接受幫助，幫助你的人才能坦然。」這一次，托尼相信他一定能理解，並且願意接受他善意的幫助。

　　聖誕前夕，托尼收到了一張特別的賀卡。雖然沒有寫姓名，但是他一樣能夠認出就是那個員工的筆跡。這張賀卡是自製的，畫面是用碎布條拼成的一棵大樹。樹下是用細細的沙礫黏成的一行歪斜、卻仍頑強地伸向遠方的腳印，旁邊有一行小字：「也許賀卡並不美麗，美麗的是製作賀卡的這份心意。好人便是這棵大樹，腳印是我的感激。點滴的恩情我會終身銘記！」

　　一個真正聰明的、會做人的人，總能在點滴細微處，做到常人做不到的，收穫別人收穫不到的。其實，小的細節與事情，往往可以輕易地讓人感動，而這種感動，往往就會改變他為人處世的心態、行為語言，甚至是改變他的一生。

心靈富足的人必定會給予

　　有一個故事，講的是有兩個準備轉世投胎的人被召集到上帝面前，上帝說：「你們當中有一個人要做一個索取的人，而另一個人要做一個給予的人，你們想如何選擇？」

第一個人想，索取就是不勞而獲，坐享其成，這太舒服了。於是他搶著說，我要過索取的人生。另一個人沒有別的選擇，於是只好做一個給予的人。

上帝滿足了兩個人的選擇。第一個人來生做了一個乞丐，整天索取，接受別人的施捨；第二個人則成為了大富翁，布施行善，給予他人。

這個故事教導我們要做一個給予的人。懂得給予，就永遠有東西可給予；貪求索取，就永遠有東西要索取。給予的越多，收穫的也越多；索取的越多，收穫的就越少。

人的一生，為他人付出的越多，他的心靈就越富足，他就越過得胸懷坦蕩，泰然自若。而一個人給予的越少，他的心靈就越乾涸，他就越過得心神不寧，惴惴不安。

心靈富足的人必會愛人。因為愛就是給予，愛就是富足，愛就是寬廣，愛就是一切。

在猶太人中間流傳著這樣一個故事。一位猶太婦人見家門口有三位老者。婦人急忙請三位老者進屋休息。三位老者說：「我們不能一同進屋。」婦人問為什麼。一位老者指著同伴說：「他叫財富，他叫成功，我叫愛。你回去和家人商量一下，願意請誰進屋。」

婦人和家人商量了一下，決定請愛進屋來。

愛起身進屋，財富和成功也隨後進屋了。

婦人驚訝地說：「為什麼你們兩位也進來了？」

二位老者一起回答：「哪裡有愛，哪裡就有財富和成功。」

下面這首歌值得細細品味：

不要等到能做大事才來發大光，不要等到光能照遠方。眼前便有許多責任，你能盡力量，讓光照你所在的地方。

撥開當前愁雲，迷霧正要你相幫，莫道力微不肯來擔當，縱使只有一人聽見，也值得歌唱，光照你所在的地方……

做一些別人認為的傻事不算傻

你讓別人分享的越多，給予的越多，你就擁有的越多，這樣它才不會使你成為一個吝嗇的人，才不會使你感到恐懼：「我可能會失去它。」

應該毫無疑問地相信：你一定無法找到一位慷慨施與，但卻不受人歡迎的人物；也一定無法發現一位刻薄、自私、吝嗇，可是卻被人們普遍歡迎的人。

那些肯積極參加社會公益活動，肯大力幫助弱勢族群、肯慷慨奉獻、肯廣結善緣的人物，往往會受到歡迎和尊敬。

有一位很成功的房地產商人就是這樣做的，他同時擁有三棟辦公大樓。

一般的房地產商人都會在聖誕節即將來臨時，送一些禮物給他們的房客，通常是五分之一或五分之二加侖的酒類。這位商人卻有一種與眾不同的做法。他知道每一位房客都是有不同身分、不同背景的人物。他總會不時地送上一些不尋常的禮物，這些禮物花費不多，可是卻很具功效。

有人曾因此向他請教：「山姆！你認為送的禮物能抵回租金嗎？」山姆不假思索地回答說：「這些房客的確是本鎮最忠實的房客了。他們一旦租了我的辦公室，就捨不得退租，我的辦公室永遠也不會有空下來的時候。我的租金要比別人高出一些，然而還是一直供不應求，一切只因為我很喜歡他們。」

可能有人會挑剔說：「喔！山姆先生是一位百萬富翁啊！當然是負擔得起這種慷慨施與的。」但是，山姆先生的慷慨，並不是他有了財富以後的結果，而是他所以能獲得財富的原因。

幾個月以前，在大衛・史華茲的時間表上就排定了，僅有 90 分鐘的間隔，要分別在亞特蘭大市與田納西州的度假地演講，這簡直讓他分身乏術。但他未能及早發現這項錯誤，直到時間已經很緊迫了，只得接洽一架包機才能趕到。他立

即決定去拜訪他的朋友約翰先生，因為他擁有私人飛機，而且跟兩家包機公司很熟。

大衛・史華茲開門見山地問約翰先生：「兩家包機公司之中，您推薦哪一家？」他毫不猶豫地說：「約翰古恩航線。」這真是一項非常大的人情負債，因此大衛・史華茲試圖推辭。但是不管怎樣，約翰先生就是不聽，一直堅持要幫忙。他真的駕駛著自己的飛機，把大衛・史華茲很順利地載到目的地，而且沒有跟史華茲拿一分錢。

古恩先生一直在做這種「很難得」的傻事。他會把非常熱門的足球比賽入場券，贈送給想看球賽的人；他經常從老遠的地方購入別致、特殊的禮品來饋贈朋友。

他這樣做是否值得呢？回答是肯定的。約翰先生在他所從事的產業中赫赫有名，他的企業是全國最佳企業之一；而慷慨饋贈的做法，正是他之所以能獲得成功的關鍵因素之一。

想多得到一些收穫是人類的本性，而且也是很正常的。但是如果能採取倒向式的做法 —— 像大部分有成就的人所遵循的「先施與，後收穫」的做法，那就更為難得可貴了。

愛，意味著風險和付出，而不是索取。當然，在真心付出之後，你自然就能獲得。只要我們將自己奉獻給他人，愛

對我們而言便是隨手可得的。我們的愛給予他人，我們會因此得到更多的愛。

我們用一個故事來證明這個偉大的信念，這是最動人心弦也最具說服力的故事：

琳達是個美國女孩，她身為一名老師，只要有時間，便從事一些藝術創作。在她 28 歲的時候，醫生發現她頭部長了一個很大的腦瘤，他們告訴她，做手術存活機率只有 2%。因此他們決定暫時不做手術，先等半年看看。

她知道自己有天分，所以在 6 個月的時間裡，她瘋狂地畫畫及寫詩。她所寫的詩，除了一首之外，其餘的都被刊登在雜誌上；她所有的畫，除了一張之外，都在一些知名的畫廊展出，並且以高價賣出。

6 個月之後她動了手術。在手術前的那個晚上，她決定要將自己奉獻出來 —— 完全地、整個身體地奉獻。她寫了一份遺囑，遺囑中表示，如果她死了，她願意捐出她身上所有的器官。

不幸的是，琳達的手術失敗了。手術後，她的眼角膜很快地就被送去馬裡蘭一家眼睛銀行，之後被送去給在南加州的一名患者，使一名年僅 28 歲的年輕男性患者得以重見光明。他在感恩之餘，寫了一封信給眼睛銀行，感謝他們的存

在。他說他還要謝謝捐贈人的父母，他們一定是一對難得的好父母，才能養育出願意捐贈自己眼角膜的孩子。他得知他們的名字與地址之後，便在沒有告知的情況下飛去拜訪他們。琳達的母親了解了他的來意之後，將他抱在懷中。她說：「孩子，如果你今晚沒有別的地方要去，爸爸和我很樂意和你共度這個週末。」

他留下來了。他瀏覽著琳達的房間，發現琳達曾經讀過柏拉圖，而他以前也讀過柏拉圖的點字書；他發現她讀過黑格爾，而他以前也讀過黑格爾的點字書。

第二天早上，琳達的母親看著他說：「你知道嗎，我覺得我好像在哪裡見過你，可是就是想不起來。」突然她想到一件事，她上樓拿出琳達死前所畫的最後一幅畫，那是她心目中理想男人的畫像。畫上的男人和這個年輕人幾乎一模一樣。

然後，她母親將琳達死前在床上所寫的最後一首詩讀給他聽：

兩顆心在黑夜裡穿梭，
墜入愛河，
但卻永遠無法抓到對方的眼神。

最徹底的、最善良的愛，讓琳達以奉獻她的生命，超越了物質實體，在精神世界中，用愛贏得了永恆。

送人玫瑰手留餘香

感恩之心與善行就像是盛開的玫瑰，有它們存在的地方，荒原可變花園，對於別人來說，你的感激與奉獻可能至關重要、意義非凡。

菲力浦·柏柏以 4.88 億美元的價格賣掉了他的公司——賽博，同一年，他和他的妻子唐娜，用 1 億美元創立了「希望之光」——一個旨在照顧衣索比亞人的救助組織。創建這樣一個組織是唐娜的主意。

唐娜年輕的時候非常崇拜鮑伯·吉爾朵夫（Bob Geldof），這位著名的搖滾歌手有感於衣索比亞觸目驚心的饑荒，與另一位歌手聯合創作了一支單曲——《他們知道聖誕節嗎？》，並邀請眾多明星舉辦演唱會，用演唱會募捐的錢和收益，幫助衣索比亞的人們。這給唐娜留下了深刻印象。

唐娜結婚之後，生活對她來說非常的舒適：「我唯一覺得不舒服的是，我知道我還應該多做點事情」。1999 年，唐娜在家鄉奧斯丁遇到一位女士，這位女士剛剛收養了兩個衣索比亞的孩子。這使唐娜想起了鮑伯的演唱會，她馬上聯絡衣索比亞駐美國大使特默魯，大使建議唐娜親自到衣索比亞去看看。唐娜接受了他的建議。衣索比亞之行深深震撼了唐娜，在她目光所及的地方，貧窮、悲傷和絕望無處不在。從

衣索比亞一回來，唐娜馬上打電話給特默魯，請他立即到奧斯丁來，在那裡，他們創立了「希望之光」。

作為三個孩子的母親，唐娜認為慈善是孩子生命當中非常重要的一門課程。每年去衣索比亞的時候，她都會帶上孩子們。現在，她最小的兒子，刷牙的時候會記得把水龍頭關緊，因為在衣索比亞，他看到了水的重要，而她 18 歲的大兒子賴安，則會非常主動地參與「希望之光」的活動，上大學前他請了一年的假，那段時間，每個星期，他有四個早晨會待在「希望之光」，還有一個早晨，他會跑到兒童群益會去做義工。

唐娜的熱情還打動了自己的丈夫，2001 年 2 月，賣掉了賽博企業的菲力浦加入了她的慈善事業。「我們非常意外地成了有錢人，幾乎是一夜暴富」，菲力浦接受採訪時說，「對我來說，要不要重返商業界真的是一個抉擇，但商業界對我已經毫無吸引力了。唐娜用她的心、她的眼睛，發現我們可以做的事情還有很多，那些遠比賺錢更重要。」

當你生活舒適、衣食無憂的時候，除了感激所擁有的一切，是否還能記得去做些對別人而言會意義重大的事呢？如果你生活得並不富裕，那是否還能保持感恩之心，並向別人伸出援助之手呢？

朱子治家格言上說：一粥一飯，當思來之不易；半絲半縷，恆念物力維艱。基督徒在吃飯之前，會感謝上帝賜予他們清潔的食物。這都是在教導人們要懂得感恩，為自己的擁有而感謝。

如果一個人能時時感謝別人對自己的服務，連一粥一飯、半絲半縷都懷以感恩之情，那他必定是個知足的人，他的人生也必然豐滿而富足。

一位記者跟隨一所受捐助的學校的老師，到機場迎接一位捐助者，捐助者是香港企業家，家財萬貫。

在機場等待接機時，為了解渴，他們各自買了礦泉水。剛喝了幾口，飛機就到了，大家都不約而同地把手中的礦泉水扔到了垃圾桶裡。他們看到企業家從飛機上下來，便迎上前去，向他問好。

企業家態度很好，也很隨和。他的手中像一些旅客一樣，也拿著一個礦泉水的瓶子。他拿著那個瓶子，和記者及迎接的老師說話，談笑風生。

人們看到，企業家手中拿著的，幾乎是空瓶子，瓶底只有一口水了。他拿著那個裝有一口水的瓶子，一直坐上了接送他的車子。

車裡有水，有人遞給他一瓶滿滿的礦泉水。他擺擺手，

先把那瓶中剩下的一口水喝完，把瓶子放下，然後接過滿瓶的礦泉水。

他這次留下了 500 萬元的捐款。

企業家對社會的回饋是真誠的，但更令人感動的，是他那不經意的細節 —— 那瓶只剩一口水的瓶子。相信他的奉獻是來自於他懂得珍惜、懂得感恩，即使物質豐裕，也不浪費揮霍，因為這一切來之不易。

有許多富豪，雖然自己身家億萬，但卻很節儉，可是慈善事業上卻毫不吝嗇。

他們擁有的財富很多，但都清楚地知道，比聚金斂財更重要的是回報社會。可以說，一個人如果沒有感恩之心，是不可能長久地回饋社會、幫助別人的，只是偶爾作秀，甚至像葛朗臺一樣，咽氣之前還想搶走神甫手中的金十字架。

正因為這些富豪能以感恩之心回饋社會，他們的人品，才和他們崛起的傳奇一樣被人所傳頌、敬仰，他們的生活，也才能從奢侈無度、精神空虛的欲望之圈裡脫離出來，步上更高的層次。

那麼，是只有在自己非常富有的時候才有資格行善嗎？當然不是。這個社會還是由大多數的平凡人組成的，平常人

不會有那麼多財富，但是這不代表他們就不感恩、不知足、不行善。

善行是最芬芳的玫瑰，由感恩之心傳遞著，芬芳染香了每一個有愛心的人的手指，永遠也不會消散。

想擁有一個新的、高品味的生活，身體要健康，心靈要豐富，而感恩之心是最值得我們珍惜的。

心靈如同一個杯子，不要在裡面裝著煩惱、怨恨、自私，清空它，然後裝入感恩。牛津字典給「感恩」二字的定義，或許是對此最好的詮釋：「樂於把得到好處的感激呈現出來且回饋他人。」

無論你身在何處，無論你有怎樣的生活經歷，只要你常懷感恩之心，隨之而來的是生活裡一處處動人的風景，你再也不會錯過它們！

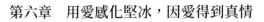第六章　用愛感化堅冰，因愛得到真情

第七章
名利眼前過，真誠心中留

「天下熙熙皆為利來，天下攘攘皆為利往」這是對世人唯利是圖景象的形象描述。的確，名利眼前過，誰能不動心？「捨得」二字在名利面前顯得何其脆弱？但是凡事都有個限度，把名與利看得過重，恐怕得到再大的名、再多的利都不會長久。

利益重要，但絕非最重要

　　我們要爭取自己的利益，但我們不能為此而丟棄一些更重要的東西，比如尊嚴，比如善良，比如個人修養，比如愛……因為如果沒有了這些，你會發現自己已經成為了金錢的奴隸，你享受不到金錢帶來的快樂，卻只能享受到它的冰冷；本來賺錢，是為了讓自己生活得更好更幸福，但結果卻發現自己的生活裡，除了利益以外，竟然沒有別的樂趣。千萬不能讓自己變成這樣可悲的人。

　　W・J・萊德勒在一篇文章中講述了這樣一個故事：

　　很久前，我被安排在一艘停泊於重慶的美國海軍炮艇上工作。我當時還只是一個尉官，但竟輕易地突然間出了名。在一次當地舉辦的「不看樣品的拍賣」會上，我對一個密封的大木箱喊了個價。箱子沉甸甸的，誰也不知裡面裝的是什麼。但在場的人都肯定箱內裝滿了石塊，因為那個拍賣商，一向是以他的惡作劇而聞名的。

　　我出價30美元。拍賣商指著我喊：「賣了！」這時有人在小聲說：「又一個受騙的美國佬！」但是當我打開木箱時，周圍發出了一片嗡嗡的議論聲，有懊悔的，也有羨慕的。大木箱內裝的是兩箱威士忌酒，這在戰爭時的重慶是極為珍貴的。

　　英國領事館的一個祕書出30美元向我買一瓶。還有人出

更高的價，但我都一一回絕了。我不久就要被調走，正打算開一個大型的告別酒會。

此時，歐尼斯特・海明威（Ernest Hemingway）到了重慶。他也和不少人一樣，犯了我們當時所謂的「四川乾渴症」，越得不到越想喝的酒癮。有一天，他來到我們的炮艇「塔圖伊拉」號上，對我說：「我聽說你有兩箱醉人的玩意。」

「是啊。」

「我買六瓶，你怎麼賣？」

「對不起，先生，我不賣。我留著，是為了一旦接到調令離開這個鬼地方時，好好熱鬧一番。」

海明威掏出一大卷美鈔，說：「給我六瓶，你要什麼都行。」

「什麼都行？」

「你出個價吧」

我想了一想說：「好吧，我用六瓶酒換你六堂課，教我如何成為一個作家。」

「這個價可夠高的，」他說：「見鬼了，老兄，我可是花了好幾年的功夫，才學會做這一行的啊。」

「而我卻有好幾年在拍賣時上當受騙，這才有了好運。」

海明威做了個鬼臉，「成交了。」

　　我遞給他六瓶威士卡。接著的五天裡，他給我上了五堂課。他真是個了不起的老師，此外，他還喜歡開玩笑。我也不時地取笑他，特別是拿威士卡當笑話。「你知道，海明威先生，我在拍賣時投個機，肯定是值得的。首先，我使那個拍賣商上了當，此外，我還震驚了那些太膽小不敢出價的顧客。而此刻，我用六瓶威士卡，正在得到美國最出名的作家辛苦摸索到的、從事寫作的訣竅。」

　　他眨了眨眼說：「你是個精明的生意人。我只是想知道，其餘的酒，你曾偷偷灌下了多少瓶？」

　　「我一瓶都還沒有打開呢，」我說，「我要把每一滴都為我的大型酒會留著。」

　　「孩子，我想向你提一點我個人的忠告。千萬不要遲疑去吻一個漂亮的女孩或開一瓶威士忌酒。應盡快地去嘗試一下。」

　　海明威因事要提前離開重慶。為了跟他學完最後一堂課，我陪他一起去機場。

　　「我並沒有忘記，他說，我這就幫你上課。」

　　飛機的發動機已在轟鳴，他緊湊著我的耳朵說：「比爾，你在描寫別人以前，首先自己需要成為一個有修養的人。為此，你必須做到兩點：第一，要有同情心；第二，要能夠以

柔克剛。千萬不要譏笑一個不幸的人。而當你自己不走運的時候，不要去硬拼，要隨遇而安，然後去挽回敗局。」

「我不明白，這和一個作家有什麼相關？」我對他說的不怎麼理解，便打斷他的話。

「這對於你生活是至關重要的，」他一字一頓地說。

搬運工人已在裝行李了，海明威向飛機走去。在半路上，他轉過身喊著：「朋友，你在為你的狂歡會發出請柬以前，最好把你的酒先抽樣檢查一下！」

幾分鐘後，飛機已升入藍天。我回到藏酒的地方，打開了一瓶，接著開了一瓶又一瓶，裡面裝的全是茶。原來，那個拍賣商還是把我給騙了。

海明威當然在一開始就知道了實情，但他隻字未提，也沒有譏笑我，並且愉快地遵守了交易中他應承擔的部分。此時，我才懂得了他教導我要做一個有修養的人的含義。

海明威付出了他的勞動，但是並沒有得到他應得的報酬，可是這無關緊要，因為他沒有因此而失去自己的修養，他說得對，這對於生活是至關重要的。如果他在一發現酒是假的時就和萊德勒說明，並拒絕教他寫作，那當然是很自然不過的事，沒人能說海明威不對。可是從另一個方面想，海明威會因此而失去自己的修養，那可是比這六瓶酒更寶貴的東西。

第七章 名利眼前過，真誠心中留

金錢重要，尊嚴更重要

　　只要是在這個社會上生存，就不可能抹殺錢的作用和重要性，衣食住行生老病死都要用錢，但錢並不是全部。我們需要錢，那是為了用錢購進所需，但是我們也沒有必要把錢奉為上帝，變成了金錢的奴僕，為了賺錢而不擇手段。

　　用合法的正常的途徑去賺錢，來滿足自己的需求，這才是最舒心的事。

　　有位年輕人在岸邊釣魚，旁邊坐著一位老人，也在釣魚。兩個人坐得很近。

　　奇怪的是，老人家不斷有魚上鉤，而年輕人一整天都沒有收穫。年輕人終於沉不住氣了，問老人：「我們兩人的釣餌相同，釣魚的地方也是一樣，為什麼你就能輕易釣到魚，而我卻一無所獲呢？」

　　老人從容地回答：「我釣魚的時候，只知道有我，不知道有魚；我不但手不動，眼不眨，連心也似乎靜得沒有跳動。於是，魚便不知道我的存在，所以牠們咬我的魚餌。而你心裡只想著魚吃你的餌沒有，眼睛也不停地盯著魚，見有魚來咬鉤，你心裡就急躁，情緒不斷變化，心情煩亂不安，魚不被你嚇走才怪。這樣又怎麼會釣到魚呢？」

　　我們如果急於賺錢，可能反而錢都進了別人的口袋，因

210

為我們的心太迫切、急躁了，使得自己的行為，充滿了功利色彩和目的性，這就像那個年輕人一樣，心都安不了，又怎麼去讓魚上鉤呢？

如果可以像那位老人一樣從容不迫、順其自然，對工作盡自己的努力，但不過分奢求，一顆心安安穩穩、沉靜清明，那麼該得的自然會得到。

彼得大帝身為俄國王位的繼承者，是透過難以想像的艱苦努力才得到王位的。

他比起其他王室成員，更經常脫下宮廷服裝、穿上工作服。他二十六歲的時候，放棄了奢華的生活，開始周遊列國，向這些國家的優秀人才學習。在荷蘭，他自願當一位造船師的學徒；在英國，他在造紙廠、磨房、製錶廠和其他工廠工作。他不僅細心地揣摩學習，而且像普通工人一樣賣力工作、拿薪水。

在伊斯提亞鑄鐵廠，他用一個月的時間來學習冶煉金屬，最後一天，他鑄造了十八普特的鐵，把自己的名字鑄在上面。那些陪同他出訪遊歷的俄國貴族子弟，連想都沒想過會做這樣的苦工，但是最後也不得不跟著他背煤塊、拉風箱。

當時，一個普通鐵匠鑄一普特鐵，只能得到 3 個戈比的報酬，但是工頭付給彼得大帝 18 個金幣。彼得大帝說：「我

並沒有比別人做更多的事，你給別人多少就給我多少吧。我只想買一雙鞋。」

　　無論什麼樣的正當工作，都是偉大的，工作沒高低貴賤之分，只要你認真工作、付出了努力，就理所應當得到合適的報酬。要對得起自己的工作，不應該偷懶，想著少付出多獲得，那首先就是在貶低自己的價值。

　　有時候我們會覺得自己的工作太辛苦，要完成的事情顯得那麼沉重，簡直是不可能完成的任務。於是會心灰意冷，不願意去做。可是，如果對事都能竭盡全力，那麼我們就會無所不能。

　　在這世界上，有些看來不可逾越的障礙，只是我們自己給自己設置的，如果能竭盡全力就可以做到，就像俗話所說的：「世上無難事，只怕有心人。」

　　1914 年的冬天，在瑟瑟的寒風中，美國加州沃爾遜小鎮來了一群逃難的流浪者。他們長途輾轉流離，使得一個個面黃肌瘦、疲憊不堪。善良的沃爾遜家燃炊煮飯，友善地款待這群流浪者，鎮長親自為他們盛上粥食。

　　這些流浪者顯然很多天沒有吃到食物了，他們一個個狼吞虎嚥，連句感謝的話都顧不上說。

　　只有一個年輕人例外，當鎮長把食物送到他面前的時

候，這個骨瘦如柴的年輕人問：「先生，吃您這麼多東西，您有什麼事需要我為您做嗎？」

鎮長想，給每個流浪者一頓果腹的飯食，這是每個善良的人都會做的，並不需要什麼報答。於是回答：「不，我沒有什麼需要你做。」

這個年輕人目光頓時黯淡下來，他的喉結劇烈地上下動了動：「先生，那我不能隨便吃您的東西，我不能沒有經過勞動，便得到這些東西。」

鎮長想了想，說：「我想起來了，我這兒確實有些事要你幫忙，不過得等你吃完飯以後再去做。」

「不，我現在就去做，等做完事，我再吃這些東西。」年輕人激動地站了起來。

鎮長深深地讚賞這個年輕人，但他知道這個年輕人已經很久沒吃到東西了，又走了這麼遠的路，他沒有力氣做什麼事了。可是不讓他做，他是不會吃東西的。鎮長思索片刻，說：「年輕人，你願意為我捶背嗎？你知道，人老了，腰背就總是酸痛。」說著還握拳輕輕敲了敲自己的腰。

年輕人便十分認真地給鎮長捶起背來，過了幾分鐘，鎮長說：「可以了，年輕人，你捶得棒極了。」說完將食物端到年輕人面前，年輕人這才狼吞虎嚥地吃了起來。

第七章　名利眼前過，真誠心中留

　　鎮長微笑著注視著年輕人：「我的農場太需要人手了，如果你願意留下來的話，那我就太高興了。」

　　年輕人留了下來，並很快成了農場的高手。兩年後，鎮長把女兒許配給了他，並對女兒說：「別看他現在一無所有，但他百分之百是個富翁，因為他有尊嚴！」

　　二十年後，那個年輕人果然成了億萬富翁，他就是赫赫有名的美國石油大王哈默（Armand Hammer）。

　　哈默沒有因為飢餓，而將自己降低到乞丐的地位，而是堅持用勞動換取食物，正是因為他的自尊自重才贏得了別人的尊敬，得到更多的機會。

　　天上不可能掉下餡餅來，世上沒有免費的午餐，想擁有好一些的物質生活，就必須付出努力。一日不工作，一日不得食，擁有這種信念的人才會成功，「流自己的汗，吃自己的飯」，這才算是最舒心的生活。不勞而獲，或許可以暫時得到一些利益，但是犧牲的卻是自己的尊嚴和別人的尊重，失去的是長久的利益。

　　所以說君子愛財但取之有道，不僅應該透過合法的途徑去獲得財富，而且拒絕不勞而獲。

名與利都不過是過眼雲煙

中國經典名著《紅樓夢》，借頑石歷世、絳珠草還淚展開了一個賈府興衰的豐富畫卷，文中那些經歷了大富大貴的人，最終還是歸於「白茫茫一片大地真乾淨」，所有的鑼鼓喧囂都還是靜默了。雖然只是「賈語村言」，但又何嘗不是看破了世情才寫得出來的？

《紅樓夢》第一回裡有一位跛足道人，唱了一曲《好漢歌》：「世人都曉神仙好，唯有功名忘不了！古今將相在何方？荒塚一零草沒了。世人都曉神仙好，只有金銀忘不了！終朝只恨聚無多，即至多時眼閉了⋯⋯」甄士隱解其歌：「陋室空堂，當年笏滿床；衰草枯楊，曾為歌舞場。蛛絲兒結滿雕梁，綠紗兒今又糊在蓬窗上。⋯⋯金滿箱，銀滿箱，轉眼乞丐人皆謗。⋯⋯因嫌紗帽小，致使枷鎖扛；昨憐破襖寒，今嫌紫蟒長。⋯⋯」真把一個爭名逐利的無常事態說得透澈。

現在距離《紅樓夢》成書，已經過去了幾百年，但人們對名利的奢求卻沒多大變化。

人們常常是衣食飲暖，還覺得擁有的不夠多；錦衣玉食者，又唯恐自己的東西會失去。於是繼續求名、求利，能有幾人以淡泊之心處世呢？莊子曾在《逍遙遊》中講了這樣的寓言：堯把天下讓給許由，說：「日月都出來了，而燭火還不

熄滅，要和日月比光，不是很難為嗎？先生一在位，天下便可安定，而我還占著這個位，自己覺得很羞愧，我把天下讓給你。」許由說：「你治理天下，已經很安定了。而我還來代替你，為著名嗎？是為著求權位嗎？小鳥在森林裡築巢，所需不過一枝，偃鼠到河裡飲水，所需不過滿腹。你請回吧，我要天下做什麼呢？」

「我要天下做什麼呢？」許由這一問，說出了很深刻的宇宙觀：天地之間廣大無比，而在此之中，人所需要的又是如此渺小，拿自己的所需與天地相比，那不是很可憐嗎？何不解脫自我的封閉，超越世俗的小我？

從一出生起，對很多事物便冠之「我的」，我的食物、我的房子、我的錢、我的地位、我的天下……然而，這真的是「我的」嗎？人的欲望無邊無際，但天地自然渾成，對於自己「屬於」誰毫不在意。那些充滿了占有慾的定冠詞，不過是人們癡心大夢一場。

的確，金錢可以讓生活更安定，名望也可以讓生活變得更多彩多姿，金錢、名望本身沒有錯，錯的只是人們對名利的執著和貪婪。是追求名利的貪念，讓人們的生活變得功利、乏味，充滿了冷酷的交易味和銅臭氣。

別成為名利的奴隸

人賺錢是為了生存，但生存的目的不能僅僅是為了賺錢。假如把追逐名利當成人生的唯一目標和自我價值的體現，那這個人就已經成為了名利的奴隸，哪怕富有四海，生活也不會快樂。因為在他的生命之中，早已忘記了生活的真諦，而只把生存的基本，當成了全部的生命意義。

有這樣一個故事：

有一個年輕人，雖然出生在貧民窟裡，但從小就知道怎麼賺錢。他會把壞的玩具修好，讓同學玩並收取費用。國中畢業後，他又賣起了雜貨，生意做得很順手。

有一天，他在港口的一個地下酒吧喝酒。旁邊坐著一群日本海軍，海軍們正在說有一批被浸染了的絲綢沒辦法處理，想扔掉，他聽到了。第二天，他就來到了海輪上，用手指著停在港口的一輛卡車，對船長說：「我可以幫助你們把絲綢處理掉。」於是他不花任何代價，便擁有了這些被浸染過的絲綢。他把這些絲綢製成了迷彩服一般的衣服、領帶和帽子，幾乎是在一夜之間，他靠這些絲綢擁有了 10 萬美元的財富。

他成了真正的商人。之後他在郊外看上了一塊地，花 10 萬美元買了下來。三年後，他的地值 240 多萬美元，他成為城裡的一位新貴。

　　他活了 77 歲，臨死前，他讓祕書在報紙上發布了一則消息，說他即將赴天堂，願意為別人逝去的親人送信，每封信收費 100 美元。結果他因此又賺了 10 萬美元。他的遺囑也十分特別，他讓祕書再登一則廣告，說他是一位有禮貌的紳士，願意和一個有教養的女士同臥一塊墓穴。結果，一位貴婦人願意出資 5 萬美元和他一起長眠。

　　沒錯，他是一位成功的商人，靠自己的執著成為了千萬富翁。但是，像他這樣，連自己的死亡都拿來做交易的人，被金錢貫穿的一生快樂嗎？那些出售自己墓穴的金錢，會讓他帶上天堂嗎？為那些逝去的人送信賺的錢，能買回他的生命嗎？這些金錢到底給他帶來了什麼？你能想像這位商人的一生有多麼枯燥嗎？他的一生除了賺錢，還是賺錢，直到生命最後一刻仍然是賺錢。

　　有人認為金錢是萬惡之源，認為金錢會讓人墮落，讓人痛苦，讓人犯罪。但是《聖經》上說：「貪錢是萬惡之源。」關鍵就在這個「貪」字。哪怕把「貪」字換成了「執著」，聽來似乎倒顯得高尚了，但實際仍然是一樣的。

　　美國石油大王洛克斐勒出身貧寒，經過他不懈的努力，在三十三歲那年賺到了人生中的第一個百萬，到了四十三歲，他建立了世界知名的大企業 —— 標準石油公司。當金錢像貝斯比亞斯火山流出的岩漿似地流進他的口袋裡時，他卻

成了事業的俘虜。

在農莊長大的洛克斐勒曾有著強健的體魄，走起路來步步生風，也正是這副強健的身體，支持他創立了自己的金融帝國。但是已經十分富有的洛克斐勒，每天只想著如何賺錢，深深被擔憂和壓力所困擾，身體變得十分糟糕。他的頭髮不斷脫落，連睫毛也不能倖免，最後只剩下稀疏的幾根，醫生們診斷他患了一種神經性脫毛病，後來不得不戴上假髮。

在對於大多數人而言尚是巔峰的歲月，洛克斐勒卻已步履蹣跚。他之所以會如此，是因為他缺乏運動和休息，他把時間全部用來工作，使體力嚴重透支。雖然他如此富有，但卻只能依靠簡單的飲食維持生命，洛克斐勒每週收入高達幾萬美金，可是一個禮拜所吃的食物還不到兩塊美金，醫生只允許他進食優酪乳與幾片蘇打餅乾。他只能用錢買到最好的醫療設施，使自己不至於過早地離開人世。

洛克斐勒永無休止地全心全意地追求目標，當他賠了錢，他就會大病一場。有一次，洛克斐勒運送一批價值四萬美金的穀物，保險 150 美元，他覺得太貴了，因此沒有投保。正巧，當晚伊俐湖有暴風，洛克斐勒擔心貨物受損，第二天一早，他就讓合夥人趕緊去保險公司投保。但是當合夥人投保回來時，發現洛克斐勒的狀態簡直糟糕透了，因為他剛收到電報，貨物已安全抵達，並未受損！所以洛克斐勒氣

第七章　名利眼前過，真誠心中留

壞了，他心疼剛花出去的那 150 美元的投保費用，並因此生了病，不得不回家臥床休息。想想看，他的生意一年能為他賺回 50 萬美元，他卻因為區區 150 美元，把自己折騰到臥病在床，值得嗎？

他無暇遊樂或休閒，除了賺錢，他沒有時間做其他的事。他的合夥人賈德納與人合資 2,000 美元一起買了艘遊艇，洛克斐勒不但反對，而且拒絕坐遊艇出海，他說：「賈德納，你是我所見過最奢侈的人，你損害了你在銀行的信用，連我的信用也受到牽連，你這樣做，會拖垮我們的生意！我絕不會坐你的遊艇，我甚至連看也不想看。」

永遠缺乏幽默，永遠只懂得賺錢，這使得洛克斐勒不僅健康受損，而且性格也變得貪婪冷酷。那些賓夕法尼亞州油田地區的居民對他深惡痛絕，無數充滿憎恨和詛咒的信件湧進他的辦公室，有那麼多人想把他吊死在蘋果樹下。他不得不雇用保鏢以防被暗殺。甚至連他的兄弟也討厭他，還將兒子的遺骨，從洛克斐勒家族的墓地遷到其他地方，他說：「在洛克斐勒支配下的土地裡，我的兒子變得像個木乃伊！」另一位財閥摩根，拒絕與他有任何生意往來，他的員工與合夥人都非常畏懼他。諷刺的是，洛克斐勒也同樣怕他們，怕他們洩露公司的祕密，他對人性幾乎沒有絲毫信心，即使他曾說：「希望能被人愛。」

馬克‧漢娜說過：「這是一個為錢瘋狂的人。」這時，醫生告訴洛克斐勒一個事實：他必須在財富與擔憂或是生命中二選一。再不退休，就是死路一條！已經被擔憂、貪婪和恐懼摧毀了身體的洛克斐勒，不得不選擇退休。即使他比麥克亞瑟反攻菲律賓時還要年輕幾歲，但他看上去已完全是個老人，臉上寫滿了憂患，讓人憐憫。

的確，洛克斐勒擁有一個超級石油帝國，他的財富、地位令人望其項背，但同時這一切並未給他帶來快樂，他的衰弱、孤獨令人同情。

遵守醫生的囑咐，洛克斐勒開始學著打高爾夫，從事園藝，打牌，與鄰居聊天，甚至唱歌。最重要的是，他在失眠的夜裡終於有時間去反省。他開始考慮把龐大的財富捐贈給那些需要的人，剛開始的時候，人們不願意接受他的捐贈。

當洛克斐勒捐錢給教會時，引起全國神職人員的反對，他們稱它為「髒錢」。但是誠心總會打動別人，人們漸漸地接受了他的奉獻。洛克斐勒成立了基金會，以確保每筆錢都能有效地使用。在他的支持下，密西根湖畔的一家快倒閉的小學校，改建成了世界知名的芝加哥大學。盤尼西林及其他數十種發明，都是洛克斐勒出資才得以完成的，那些肆虐世界的疾病如瘧疾、肺結核、腦膜炎及白喉，都因為他的資助而得到控制。

　　在捐出數以億計的財富時，洛克斐勒找回了他的健康和快樂。他的捐助不是為了虛榮，而是出於真誠；不是出於驕傲，而是出自謙卑。他終於不再做金錢的奴隸，擺脫了對名利的貪婪。

　　在洛克斐勒的後半生，他身心健康，耳聰目明，日子過得很愉快。即使在事業遭受重創時，這個曾因 150 美元而大病一場的人，卻平靜地接受了事實，然後安穩地睡了一覺。

　　他逝世於 1937 年，享年 98 歲。在 53 歲被醫生宣判「死刑」之後，他快樂地度過了 40 多年的時光。在他去世時，全部財產都捐贈或分贈給繼承者，在他身邊，只留下一張標準石油公司的股票，因為那是第一號。

　　鋼鐵大王安德魯‧卡內基說過：「一個人死的時候還很有錢，實在死得很可恥。」毫無疑問，洛克斐勒去世的時候是安詳而平靜的，因為他已經懂得這樣一個道理：「金錢就是自由，但是大量的財富卻是桎梏。」他成為了名利的主人，而不是受其奴役；他看清了名利的力量，卻沒有被它控制；他擁有合理運用名利的理性，知道如何運用它來造福人類。這讓洛克斐勒的人生真正成為了有價值的人生。

　　受生長環境所限，雖然知道這些道理，卻不是所有人都能做得到。但是就算我們達不到洛克斐勒和卡內基的境界，至少我們也可以讓自己不被名利束縛住。因為人生是一趟單

程旅行，只有擺脫名利的累贅和捆綁，才能輕鬆自如地領悟旅途中的風景，品嘗人生的快樂。

推開虛掩的名利之門

用正當的手段獲取名利不是可恥的事，因為你付出的勞動也在創造著這個世界，在為別人謀福利。因此，每付出一分勞動，我們都可以正大光明地爭取那些屬於我們的報酬和收穫。只要這是我們應得的，只要它不至於所得超過所需，那就會為我們的生活錦上添花。

從莫斯科到波良納約有 200 千公尺，有個旅行者卻很喜歡步行走過這段長長的旅途。他總是背著一個大背包，沿途與那些流浪的人結伴而行。

雖然，大家對這位旅行者很熟悉，但是，沒有一個人知道他的姓名與來歷，只知道他是個喜歡步行的旅者。

這段路程要花五天的時間，旅行家的食宿都在路上解決，或隨便向農家借宿，偶爾他也會走進火車站，到車廂的候車室裡休息。

有一回，他又準備進入候車室裡小歇，但是這時候候車室裡擠滿了人，於是他便到月臺上走走，想等人少以後再進去休息。就在這個時候，旅行家忽然聽見有人叫他。

第七章　名利眼前過，真誠心中留

　　原來是車上的一位夫人在叫他：「老先生！老先生！」

　　旅行家連忙轉身，看見有人朝他不停地招手，便上前去詢問：「夫人，請問有什麼事嗎？」

　　坐在火車上的太太，著急地說：「麻煩您，快到洗手間去，我把手提包遺留在那裡了！」

　　旅行家一聽，連忙跑到洗手間尋找，幸好手提包還在，於是他連忙把它拿了出來。那位太太一見，非常開心地說：「謝謝您了！這是給您的心意。」太太遞給了旅行家一枚五戈比的銅錢，而旅行家也欣然接受。

　　旅行家轉身準備離去，就在這時，這位太太身邊同行的旅伴卻問：「你知道你把錢給了誰嗎？」

　　太太不解地看著她的夥伴，她的朋友帶著驚喜的口吻說：「他是《戰爭與和平》的作者──托爾斯泰啊！」

　　這位太太一聽，驚訝地說：「是嗎？真的嗎？天哪，我在做什麼呢？托爾斯泰啊！看在上帝的份上，請原諒我的無知，請把那枚銅錢還給我吧！唉，我把它給了您，真是不好意思，哎呀，我的天，我是在做什麼呢？」

　　旅行家聽見太太的喊聲，便轉過身，笑著說：「您不必感到不安，您沒做錯任何事，這五戈比，是我自己賺來的，所以我一定要收下！」

　　火車鳴笛了，開始緩緩啟動，雖然那位太太仍內疚地請求歸還，然而，托爾斯泰卻帶著滿臉微笑，目送著火車遠去。

　　對於托爾斯泰來說，這五戈比是他的勞動所得，一切合情合理，所以他並不會因為自己是大作家而瞧不起這點小費，因「付出」而「收穫」是天經地義的事，只有不勞而獲才是可恥的。

　　農夫想從田裡收穫莊稼，必須先在春夏季節播種；學生想在考試中取得好成績，必須先踏實地用功學習；小演員想從跑龍套到主角，必須要花費相當多的時間磨練演技；運動員想要贏得金牌，也要流很多汗水，對單一的動作重複訓練才行。

　　對任何人而言，真誠坦率的付出都是令人愉悅的特質，願意付出的人，不僅可以坦然享受自己的勞動所得，而且還會換來別人的真誠和感謝。一個願意付出的人，才是真正富足的人，因為他的心力不曾局限在追求名利上，所以在享受所得時更加地坦然，同時也會在不知不覺間提升自己的生命價值。

　　名利之門是虛掩的，但是門後的世界卻因人而異。有的人走進去的時候，帶有洞悉一切的明燭，有的人卻是閉著眼

第七章　名利眼前過，真誠心中留

睛走進去，不管會否陷入泥潭。

　　當「名利」二字像月亮似地遠在天邊時，有的人會埋頭趕路，連看也不看一眼，有的人會感慨一下它的美麗和孤獨。但當它變成氣球飄到眼前，彷彿一伸手就能抓住時，很多人開始慌了手腳，先前對月賞鑒的風度和鎮靜都無影無蹤了。

　　有兩個人，欠了別人很多錢，實在還不了債，趁黑夜逃走了。跑了很遠，天也快亮了，兩人心情也不那麼急迫了，便邊聊天邊趕路。

　　其中一個人說：「我們這麼走著，要是撿到一大筆錢的話，你說應該怎麼辦？」另外一個人說：「如果你撿到那麼多錢，不用說，你我各分一半囉！」剛才那個人說：「你想什麼呢？錢這東西，誰撿了就是誰的，憑什麼我要分你一半呢？」另一個人急了：「噢，我們一起出門，一起趕路，撿到錢了，你獨吞啦！這樣的話，你就是個貪財鬼、守財奴，根本不夠朋友，你雞犬不如，純粹是衣冠禽獸！」他越說越激動。那個人也急了：「你說什麼？什麼叫衣冠禽獸、雞犬不如？你再說一遍！」「說就說，我怕你呀？」話音未落，兩人就扭打起來，打得不可開交。

　　這時，從對面走過來一個人：「喂，你們怎麼打起來了？到底為了什麼呢？」說著，插進二人當中勸架。一個人說：

「你看，我們一起出門，這小子撿著了錢，他不分給我，要獨吞！」又一個人說：「我撿到的，就得歸我，我願意給誰就給誰，不願意就不……」話沒說完，另一個人就伸出拳頭，又打了過來：「我讓你不願意，嘗嘗我這個『通天炮』吧！」勸架的說：「你們別著急，讓我幫你們和解和解。這撿的錢到底在哪？一共是多少啊？」這一問，兩個人都傻了，異口同聲地回答：「還沒撿到手呢！」過路的人說：「這不就沒事嗎？錢還沒到手呢，打什麼架呀？」這一句話提醒了兩個人，他們都覺得非常不好意思。

錢還沒撿到就大打出手，看來是很可笑，但在生活中這樣的事不是很常見嗎？一旦被名利沖昏了頭腦，還沒看到名利的影子，就先在計算利益得失、勾心鬥角，對於身邊正在發生的美好事物視而不見，一味地把自己的生活逼到極限，只顧朝名利之門猛衝。

至於會不會撞牆讓自己鼻青臉腫，有幾個人在乎呢？

其實，人生在世，有許多東西是需要不斷放棄的，通常名利也在需要放棄之列。

有一個聰明的年輕人，很想在各個方面都比他身邊的人強，他特別想成為一名偉大的學者。可是，許多年過去了，他的其他方面都不錯，學業卻沒有長進。他很苦惱，就去向一位大師求教。

第七章　名利眼前過，真誠心中留

大師說：「我們登山吧，到山頂你就知道該如何做了。」

山路雖然崎嶇，可是風景很美，有許多晶瑩的小石頭，十分好看。每見到他喜歡的石頭，大師就讓他裝進袋子裡背著，石頭越撿越多，很快他就吃不消了。他說：「太沉了，大師，再背，別說到山頂了，恐怕我在路上就會被壓死了。」

「是呀，那該怎麼辦呢？」年輕人想了想，將那些心愛的石頭撿出來看了又看，丟掉了一小半，剩下的還是依依不捨地放回行囊，咬著牙跟兩手空空的大師繼續爬山。沿途中他幾次停下來，因為太過疲累，不得不將行囊裡的石頭又丟掉一部分，可是剩下的仍然很多。等終於爬到山頂的時候，天已經黑了，年輕人累得倒在地上，爬也爬不起來了。

大師背著兩手站在山巔，對年輕人說：「不放下石頭爬山，怎麼會不累呢？」年輕人喘著氣，一句話也答不上來。大師又說：「一路上有許多美麗的景致，你剛才只顧低頭趕路，有沒有看一眼呢？雖然站在山頂上看到的景色也很美，但是你錯過的景色太多了。」他最後看了看年輕人，微笑說：「那些石頭，該丟就丟了吧。」說完便輕鬆地下山了。

疲憊不堪的年輕人躺在地上，望著閃爍的星辰，思索著大師的話。他忽然感覺心中一亮，將石頭都倒出了行囊，高興地走下山去。

有捨才有得，只有學會放棄，才能登上山峰之巔，才能不錯過生活中美好的細微點滴。人們面對的誘惑總是太多，有時不免會在誘惑中迷失、跌入欲望的深淵，將「功名利祿」背負在身上捨不得丟棄。這樣的人，背脊被「名利」之石壓彎了，步履維艱卻還自以為健步如飛，兩眼如盲卻還自詡睿智精明，這豈不可悲？

讓自己卸下名利的枷鎖

名利像玩具，千萬別拿它當真。古人說：「海納百川有容乃大，壁立千仞無欲則剛。」這其實是一種境界，一種修養，看似高不可攀，其實只需要一顆平常心而已。

如果能擺脫名利的束縛，不受它的迷惑，心靈自然豁達、坦然。只有懂得看輕名利的人，才會不為名利所累，才會到達生活的另一端。

幾年前，巴拉昂自己創業當老闆，年收入超過 80 萬美元。但是，就在公司的業績如日中天的時候，他突然決定把公司交給太太經營，自己則應徵到一家大公司工作，月薪劇減為 5,000 美元。為此，太太感到十分困惑：「你到底在想什麼？」

巴拉昂透露，當時他的想法其實很簡單：那家大公司答應他可以擁有一間單獨的辦公室，裡面有一臺音響，每天他

第七章　名利眼前過，真誠心中留

可以愉快地聽著音樂工作，而這正是他一直最想過的日子。

巴拉昂並不想做大人物，所以他也從不認為，自己就一定要當老闆，有些事其實可以讓別人去做。錢只要夠花就好，不用太多。不過，他觀察到大多數人，好像都非得當個什麼主管，覺得有個頭銜才有面子。

有一回，他聽到一位年輕的同事要求升遷，理由是：「我的同學掏名片出來，個個都是﹨主管，只有我不是，我都被他們比下去了！」

巴拉昂承認，很多人不能接受「你比我好，你比我強」，總覺得自己一定要贏過別人。

以前，他也有過同樣的想法，到後來則發現這其實是「自己給自己的枷鎖」，就像十字架一樣壓在背上，讓人喘不過氣來。於是，他漸漸學會不把名利看得太重要，並學會「欣賞」別人的成就，而不是處處跟別人比。他說：「我跟別人比快樂！」也許別人比他有錢，做的官比他大，但是，卻比他活得辛苦，甚至還要賠上自己的健康和家庭。

巴拉昂說，他這輩子最想當一名「義工」，雖然沒有名片，也沒有頭銜，也不會有太多錢，但卻是一個非常快樂的人，「我希望能在五十歲之前，完成這個心願。」

有的人認為名銜、地位、財富等實實在在的東西，是證

230

明自己存在意義和價值的唯一標準，除此以外的東西都不重要。他們互相比較，看誰的官位高，誰的房子大，誰的車更貴，誰去國外度假，誰結交的朋友中名人多……如果自己沒有別人混得好，就會覺得矮人一截。

但是有句俗話說：「人比人氣死人。」一山總比一山高，人外有人天外有天，和別人比較是不可能永遠占上風的。

很久以前，有一個年輕的劍客，他喜歡到處向成名的劍客挑戰。因為他的劍術高超，所以順利地擊敗了所有的對手。

有一次，年輕的劍客聽說在某地住著一位有名的劍客，傳說他是一位傳奇人物，劍術高超，無人能敵。於是，好勝的年輕劍客決定去向這位名劍客挑戰。歷經千辛萬苦之後，他終於在一個山村裡見到這位名劍客。

原本年輕劍客以為自己見到的會是一位相貌堂堂、氣質出眾的大人物，誰知對方竟是一個不修邊幅、長相普通的老人，而且又瘦又小，一點也沒有劍客的威風。更出乎他意料的是，老人的劍，已經鏽得無法再從劍鞘中拔出來了。

面對年輕劍客的挑戰，老人毫不理睬，只顧低頭吃飯。正值盛夏，屋子裡有好多蒼蠅在嗡嗡亂飛，老人連眼睛都不眨，伸手用筷子就從空中夾住了四隻蒼蠅，一字排開放在桌

上，然後繼續吃飯。

　　年輕劍客看得目瞪口呆，他的驕傲瞬間消失得無影無蹤，他意識到自己的劍術根本不可能勝過這位老人。後來，他拜老人為師，潛心修練，幾年之後，他的劍也同樣鏽在鞘裡。

　　劍是鏽了，可是心境卻更明瞭：真正的鬥爭不是去打敗別人，而是戰勝自己。只會用身外物和別人一較高低的人，其實不明白真正有價值的是什麼。

　　瑪里・居禮出生在波蘭華沙，西元 1891 年進入巴黎大學學習，1893 年和 1894 年分別取得了物理學碩士和數學碩士。1895 年，瑪里・居禮與皮埃爾・居禮結婚，開始了對放射性元素的研究。西元 1898 年 7 月，他們發現了一種新元素，命名為釙。同年 12 月 26 日，他們又發現了一種比鈾的放射性要強百萬倍的新元素 —— 鐳。但是當時還沒有實物來證明鐳的存在，科學界對他們的發現表示懷疑，也沒有機構同意為他們提供實驗室做研究。

　　居禮夫婦只好在一個簡陋的大房間裡做實驗，歷經四年的艱辛提煉後，他們終於從 8 噸瀝青鈾礦渣中提取了 0.1 克純鐳，價值超過 1 億法郎。這不僅贏得了科學界人士的普遍認可，而且使他們成為原子核物理學的奠基人，並且居禮夫

婦因此共同獲得了 1903 年諾貝爾物理學獎。

　　1907 年，瑪里‧居禮提煉出了氯化鐳。1910 年，她測出了氯化鐳的各種特性，並以《論放射性》一書成為放射化學的奠基人。「由於對科學的執著與貢獻」，瑪里‧居禮於 1911 年獲得諾貝爾化學獎。

　　這樣一位在科學領域上享有盛名的瑪里‧居禮，生活卻極為簡樸。曾有一位記者採訪她，當來到一所簡陋的房子前時，記者看到一個服裝簡樸的婦人，赤腳坐在臺階上洗衣服，他過去詢問瑪里‧居禮的住處，卻大吃一驚地發現，原來她就是瑪里‧居禮。

　　當初發現了鐳之後，居禮夫婦討論如何處理那些請求他們提供提煉鐳的方法的信件，整場交談在五分鐘之內就結束了。居禮先生說：「我們必須在兩個選擇中決定一個，一是無償公開鐳的提煉方法……」 瑪里‧居禮說：「這樣很好，我同意。」 居禮先生說：「二是將提煉方法申請專利，以後任何人想提煉鐳都要經過我們的同意，並且我們的孩子可以繼承這一專利。」 瑪里‧居禮不假思索地說：「這違背了科學精神，我們還是選第一個辦法吧。」於是，他們向世界公開了鐳的提煉方法和其他相關資料。

　　有一位女性朋友去瑪里‧居禮家裡拜訪她，發現他的小

女兒，正拿著英國皇家科學院頒給瑪里‧居禮的金質獎章在玩，朋友大吃一驚，問：「你怎麼能把這麼寶貴的東西給孩子玩呢？」瑪里‧居禮回答：「我想讓孩子從小就懂得，榮譽就像玩具，只能玩玩而已，絕不能永遠守著它，否則將一事無成。」

瑪里‧居禮以高尚的情操和獻身科學的精神教育孩子，她的女兒伊雷娜後來也成為一名科學家，並像母親那樣獲得了諾貝爾獎。

「一個人不應該與被財富毀了的人交流。」這是瑪里‧居禮的名言，而她也正是這樣做的，不讓自己被名譽和財富毀掉。當初那價值超過 1 億法郎的 0.1 克純鐳，對於生活極其簡陋的瑪里‧居禮並沒有造成任何影響，她坦然地將 0.1 克鐳無償贈給了實驗室，這份視名利如浮雲的豁達實在令人讚嘆。

正是因為瑪里‧居禮懂得名利就像玩具一樣，偶爾拿來玩玩還可以調劑生活，但如果抱住不放手，生活反而會被它給毀了，所以她才能頭腦清楚地將名利放在一邊，在科學研究中享受莫大的人生樂趣。

看看世間，有多少人正把玩具，當成自己真正的人生而死守不放呢？

去留無意，寵辱不驚

　　名利雙收的事當然會有極強的誘惑力，但是有些東西是否應該得到，不應該以內心的欲望作為判斷標準，而是在於心中是否坦蕩，那麼不論是處廟堂之高還是處江湖之遠，都會體會到生活的甘甜。

　　古時有個人叫陳定，學富五車，才華洋溢。他多次自薦君王，希望能在其身邊做事，但卻遭人忌恨，因而一直鬱鬱不得志，未能做官。

　　他的妻子是一個很有見識的女子，雖然由於陳定除了學問之外，沒有更好的謀生技能，因此他們生活十分窘迫，但夫妻相親相愛，舉案齊眉，日子過得十分融洽。

　　有一天，夫妻正愁著沒米下鍋時，君王的使者來了。原來，君王有個賢臣屢次向他推薦陳定，大讚陳定學識淵博，能當大任。君王終於被打動了，就派使者帶兩千兩黃金，聘請陳定。

　　多年的夙願終於有了實現的機會，陳定頓時欣喜若狂，他一送走使者，就興沖沖地跑到屋裡，握住妻子的手，激動地說：「我就要進宮了，以後我們出門有昂貴的車子，吃飯有山珍海味，穿衣是絲絹大衣，我們再也不用為貧窮而煩憂了。」只見他眼裡閃爍著光芒，似乎已經陶醉在即將到來的

富貴中了。

妻子看見他興奮得滿臉通紅的樣子，卻長長地嘆了一口氣。

陳定覺得奇怪：「你在嘆什麼氣呀？難道你覺得這個官職還不夠大嗎？」

妻子回答；「你錯了。你想想，車子再高貴，你不過只坐小小的地方；飯菜再鮮美，你不過只塞飽一個肚子；衣服再精美，只不過暖了你一個人，這有什麼高興的呢？君王這麼看重你是為什麼呢？還不是讓你給他掠地爭城？你看，現在各國你砍我殺，受害的都是老百姓。有仁德的人，怎麼可以做殘害百姓的事情呢？」

陳定聽後，低頭不語。過了半天，他抬頭望著妻子憔悴的面容、握住她粗糙的雙手，深情地說：「我其實也是為了你呀。你跟著我吃的苦太多了，我多麼希望你能生活得好一點啊！」

妻子十分感動，但她還是說：「少吃少喝固然苦一點，但是殘害百姓，難道心裡就不苦嗎？我們苦，只苦一家，我們要樂，那就苦了一國的百姓。」

「好，聽你的！」陳定覺得妻子比自己看得遠，想得深，決定不去進宮當官。因怕使者逼迫，他們便連夜逃出家門，隱姓埋名，當了農夫。雖然天天煮南瓜當飯吃，但是由於心

中坦蕩，他們也不覺得生活有多麼苦，反而更能體會到平凡的幸福。

把自己的幸福建立在別人的痛苦之上，那是真正的幸福嗎？其實有很多人根本不會去想這樣的問題，就像故事中的陳定，剛開始的時候，他只想到可以實現自己的抱負、可以讓家人生活富裕，但卻沒想到高官厚祿的背後，將是眾多百姓的流離失所，是更多家庭的家破人亡。陳定的妻子清醒地看到了這些，所以她才勸說陳定拒絕送上門來的富貴，選擇安貧樂道。

如果你能具備陳定之妻的見識，相信你不論是富貴還是貧寒，都能安之若素，風光無限。

有一個人來到神的面前祈禱：「萬能的神呀，請您賜予我幸福。」神慈祥地對他說：「我的孩子，你今年多大了？」

那人回答：「神啊，我今年 60 歲了。」

神說：「難道這 60 年來你都沒有幸福過嗎？」

那人搖搖頭：「10 歲的時候，我不懂什麼是幸福；20 歲時，我在忙著追求學歷文憑；30 歲時，我在拚命賺錢買房買車；40 歲時，我為了升遷和高薪而無暇他顧；50 歲時，我在為了兒女的前途而操心奔波；60 歲時我為了一身的病痛求醫尋藥……」

　　神嘆了嘆氣，說：「可憐的孩子，這60年來我在不斷地賜予你幸福啊。」

　　那人叫了起來：「真的嗎？它們在哪裡？」

　　神說：「你10歲的時候，和小朋友們嬉戲玩耍不識愁滋味，那不是幸福嗎？你20歲的時候，青春正盛身體健康，體會著愛情的甜蜜，那不是幸福嗎？你30歲的時候，事業初具規模，孩子初降人世，一顰一笑無不牽動你的心，那不是幸福嗎？你40歲的時候，擁有事業和家庭，同事和藹，妻子賢慧，兒女聰明，而養育你的父母尚且健在，那不是幸福嗎？你50歲的時候，已經不必再為生計擔憂，兒女學業有成，即將開始自己的人生，那不是幸福嗎？你60歲的時候，終於不必再出門工作，每天和妻子享受休閒生活，還可以與老友們一起釣魚打牌，那不是幸福嗎？」

　　神又嘆了一口氣，接著說：「除此以外，我每天送到你面前的細小的幸福更是不計其數啊。溫暖的陽光，怡人的清風，淡淡的花香，陌生人的微笑……哪一樣不是幸福呢？」

　　那人呆了半天，問：「可是為什麼我從來沒有感覺到幸福呢？」

　　神說：「你的心裡充滿了名利、煩惱、勞累與怨恨，孩子，你能在哪裡安置我賜予你的幸福？」

　　那人恍然大悟，思之過去，忍不住痛哭流涕，原來不是沒有幸福，而是自己被名利、欲望和煩惱蒙蔽了雙眼，沒有體會那時刻閃現的小小幸福。這 60 年的時光，就這樣白白浪費了。

　　當人們在名利之路上奔波時，究竟錯過了多少幸福，恐怕他們自己永遠也不知道。即使知道了，只怕有些深陷名利之淵的人，也會認為那是不值得一提的。但是他們所獲的名利就真的值得炫耀嗎？

　　偉大的亞歷山大大帝一生叱吒風雲，在極短的時間內就征服了歐、亞、非三大洲，他的地位幾乎無人可及，他擁有無數的財富、土地以及人民。據說他曾為沒有可征服的地方而傷心落淚。但是這位歷史上成就非凡的君王，到三十多歲就因生病而去世了。

　　在去世前，亞歷山大大帝感觸良多，要求他的員工在自己的棺木上挖兩個洞，等他死後裝進棺材時，把他的雙手從洞裡伸出來，露在外面。他要借此告訴世人：他雖然擁有無數的財富和崇高的地位，但死了之後，卻一樣都帶不走。

　　就連顯赫如亞歷山大大帝，也不可能將名利帶入死後的世界，無論生前有多少財富、多麼崇高的地位，全部在棺木之前截止。人們對名利的眷戀和欲望太多，往往阻礙了對生

活的品味。

　　無論是在水中加糖、加蜜、加檸檬，還是加茶葉⋯⋯真正有滋味的，其實都是最原始的那杯清水。可惜人們通常更願意在水中加入自己認為有滋味的東西，而忽視了真正的甘甜，而那原本是只需要一顆沉靜淡泊的心便可以品嘗到的。從名利面前退後一步吧，世界由此而開闊，生活由此而絢麗繽紛。

多一物多一心，少一物少一念

　　老子說：「五色令人目盲；五音令人耳聾；五味令人口爽；馳騁畋獵，令人心發狂；難得之貨，令人行妨。是以聖人為腹不為目，故去彼取此。」

　　老子的意思是：五光十色的視覺感受，會讓人眼花撩亂產生錯覺；雜亂的靡靡之音聽多了，聽力會變得遲鈍；豐美的飲食，使人味覺遲鈍；縱情圍獵，使人內心瘋狂；珍稀的器物，使人行為失常。因此，有道的人，只求安飽而不追求聲色之娛，所以摒棄物慾的誘惑而吸收有利於身心自由的東西。

　　也就是說，如果一個人過分追求感官刺激，則會傷其身、亂其心。一個人一旦被欲望纏上了身，他就難以得到安寧，時刻彷彿有大患在身，無論得寵還是受辱，在心理上都時時會處於驚恐之中。

　　人生曆世，多一物多一心，少一物少一念，不要為外物所擄，心安理得處，就可明心見性。

　　有個商人娶了四個老婆：第一個老婆伶俐可愛，像影子一樣陪在他身邊；第二個老婆是他搶來的，美麗而讓人羨慕；第三個老婆，為他打理日常瑣事，不讓他為生活操心；第四個老婆，整天都在忙，但他不知道她忙什麼。

　　商人要出遠門，因旅途辛苦，他問哪一個老婆願意陪伴自己。

　　第一個老婆說：「我不陪你，你自己去吧！」

　　第二個老婆說：「是你把我搶來的，我也不去！」

　　第三個老婆說：「我無法忍受風餐露宿之苦，我最多送你到城外！」

　　第四個老婆說：「無論你到了哪裡我都會跟著你，因為你是我的主人。」

　　商人聽了四個老婆的話很感慨：「關鍵時刻還是第四個老婆好！」於是，他就帶著第四個老婆開始了他的長途跋涉。

　　其實，這裡所說的這四個老婆，與我們自己密切相關！

　　第一個老婆指的是肉體，人死後肉體會與自己分開；第二個老婆是指金錢，許多人為了金錢辛苦一輩子，死後卻分文不帶，無疑是水中撈月；第三個老婆是指自己的妻子，生

前相依為命，死後還是要分開；第四個老婆是指個人的天性，你可以不在乎它，但它會永遠在乎你，無論你是貧還是富，它永遠不會背叛你。

如果有一個地方，能讓我們心安，能讓我們忘卻浮躁，那不正是我們理想的棲息地嗎？我們又何必刻意地去尋找呢？一片生機盎然的花圃，一座巍巍蔥蘢的大山，一本泛泛著墨香的書卷，都可以成為我們自由的棲息地，都可以容納我們放逐的心靈和漂泊的意志。

想要自由地棲息，耐得住寂寞，必須放得下繁華。如果心戀浮華，不捨喧囂，是不會得到心靈的安寧的。這就好比一個人，終日汲汲於富貴，切切於名祿，桎梏於外物，他又怎麼可能出離塵世而追尋幽獨？又好比是一匹馬，如果被拴上了車套，它只有一味地賣力往前，哪還會有機會停下來思索自己的生命呢？

要有自己自由的棲息地，就不要拘泥於外物。因為外物總是短暫而容易腐朽的，只有生命的靈魂才是永恆。我們又怎能讓短暫的腐朽，妨礙我們對於永恆的生命的思索呢？

不拘於物是一門哲學，需要有大智慧，需要懂得放下。智慧會讓我們生活得快樂充實，放下會讓我們生活得輕鬆不羈。不要顧忌捨棄而拒絕簡單的生活，那樣的話，你將不堪

重負，顧慮重重，心力交瘁，六神無主⋯⋯。

有的人對生命有太多的苛求，弄得自己筋疲力盡，從沒體會過幸福和欣慰的滋味，生命也因此局促匆忙，擔憂和恐懼時常伴隨，一輩子實在是糟糕至極。需知月圓月虧皆有定數，豈是人力所能改變的？不如放下，給生命一份從容，給自己一片坦然。你要知道，錯過了太陽，不是還有浩瀚的繁星在等待你嗎？

人生一世，是不可能一帆風順的。只有不拘外物，才會另有收穫。人生一切痛苦的根源，就是對於外物的追求和執著。超越外物，就是超越自我。無物也就是無我，自己的心境也就不會隨著外物的變化遷移而波動。正所謂「是進亦憂，退亦憂」，不假於物，才能造就真實的自我。

功名利祿如浮雲

由於榮寵和恥辱的降臨，往往象徵著個人身分地位的變化，所以，人們得寵之時也就是春風得意之時，他們當然唯恐一朝失去，就不免時時處於自我驚恐之中。

得寵的人怕失寵的心理是正常的。一般說來，一個飛黃騰達的人是較少受辱的。所以，一個人在受辱的時候，也往往意味著他個人地位的降低或低下。與寵的榮耀相比，受辱

當然是一件很丟顏面的事情，人們普遍認為它是一件極為下賤的事，所以得失之間都不免驚慌失措。另外，當一個人功成名就的時候，容易欣喜若狂，甚至得意忘形，這就為受辱埋下了禍根，因為他對成就太在意了。所以有些人就吸取了這方面的經驗：淡泊名利。這成了保全自己的辦法，更是一種修養。

一片冰心在玉壺，追求自身的高潔，用淡泊的心懷看待世事，這是高超的做人和處事的哲學。自己內心純潔，就不怕別人的惡意詆毀和誹謗；抱著淡泊的胸懷，名利如浮雲一般，入不得耳目，擾不了心志。只有這樣，人生才踏實、充實。

天下熙熙，皆為利來；天下攘攘，皆為利往。人生看不破「名利」二字，就會受到終身的羈絆。名利就像是一副枷鎖，束縛了人的本真，抑制了人對於理想的追求。現代人生活在節奏越來越快的年代，成就感的誘惑始終存在，有太多的誘惑，太多的欲望，也有太多的痛苦，因此我們身心疲憊不堪。一個人要以清醒的心智和從容的步伐走過歲月，在他的精神中就不能缺少氣魄，一種視功名利祿如浮雲的氣魄。

不拘於物，是古往今來許多人一生的追求。視功名利祿如浮雲，不必為過去的得失而後悔，不必為現在的失意而煩惱，也不必為未來的不幸而憂愁。拋開名利的束縛和羈絆，

做一個本色的自我，不為外物所拘，不以進退或喜或悲，待人接物豁然達觀，不為世俗所困擾。

煩惱和羈絆，都是由於自己的不能捨棄或是看得太重。人生於世，無論君子聖賢雅士也好，還是小人俗人凡人也好，誰也不可能無所謂的捨棄。俗人愛財，難道君子就不需要了嗎？聖賢如果沒了一日三餐，他也要去賺錢的。但不要執著，要懂得放下。拿得起放得下，這才是世俗的淡泊。

德國哲學家康德就非常厭惡「沽名釣譽」，他曾經幽默地說：「偉人只有在遠處才發光，即使是王子或國王，也會在自己的僕人面前大失顏面。」也許，正是因為有了這樣一份淡泊的心境，世界才又多了幾絲溫暖，幾分快樂；也許正是少了幾分對名利的追逐，世界才又多了幾分自在，幾般快慰。

淡泊胸懷，獨善自身，人生便不受困擾，心神才會一片安泰！

第七章　名利眼前過，真誠心中留

第八章
放得下累贅，得到了快樂

　　人人都有執著之心：執著於得失，執著於追求，執著於感情，等等。執著讓人生活在「加法」的規則之中，以至於處處爭先，事事求多。這會讓人肩膀上的累贅不斷增加，在勞心勞力的同時，忘卻了什麼是真正的快樂。捨得，更需要捨棄的是這些大大小小的人生累贅。

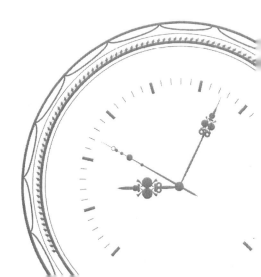

第八章　放得下累贅，得到了快樂

放下是一種快樂

《壇經》裡說「若著相於外」的種種弊端，目的只有一個，那就是讓人們懂得該「放下」、懂得「放手」。佛語中講的「放下屠刀，立地成佛」中的「放」意為「放棄」，而「屠刀」則泛指惡念。不論是「放棄」還是「放下」，都是要人們將某些該放下的事情勇於放下。

從古到今，芸芸眾生都是忙碌不已，為衣食、為名利、為自己、為子孫……哪裡有人肯靜下心來思考：忙來忙去為什麼？多少人是直到生命的終點才明白，自己的生命浪費太多在無用的方面，而如今，卻已沒有時間和精力去體會生命的真諦了。古代有名禪師，針對這一現象作過一首〈人生不滿百〉的詩：

> 人生不滿百，常懷千歲憂。
> 自身病始可，又為子孫愁。
> 下視禾根土，上看桑樹頭。
> 秤錘落東海，到底始知休。

此詩可以這樣解釋：「人生不滿百，常懷千歲憂」，即使人生非常短暫，但是人們卻都抱著長遠規畫，全然忘記生命的脆弱；「自身病始可，又為子孫愁」，不僅應付自己的煩惱，還要為子孫後代的生活操勞；「下視禾根土，上看桑樹頭」，

生命中勞勞碌碌，都是為衣食生計奔波，哪裡有時間停下來，思考一下生命的意義；「秤錘落東海，到底始知休」，人生的軌跡就如同掉進水裡的秤砣一樣，直到碰到生命的盡頭才會停止。

禪師以此詩提醒世人：「即刻放下便放下，欲覓了時無了時」，能放下的事情不妨放下，如果等待完全清閒再來修行，恐怕永遠找不到這樣的機會啦。

從前有個國王，放棄了王位出家修道。他在山中蓋了一座茅草棚，天天在裡面打坐冥想。有一天感到非常得意，哈哈大笑起來，感慨：「如今我真是快樂呀。」

旁邊的修道人問他：「你快樂嗎？孤單地坐在山中修道，有什麼快樂可言呢？」

國王說：「從前我當國王的時候，整天處在憂患之中。擔心鄰國奪取我的王位，恐怕有人劫取我的財寶，擔心群臣覬覦我的財富，還擔心有人會謀反……現在我當了和尚，一無所有，也就沒有計算我的人了，所以我的快樂不可言喻呀。」

人生往往如此：擁有的越多，煩惱也就越多。因為萬事萬物，本來就隨著因緣變化而變化，凡人卻試圖牢牢掌握讓它不變，於是煩惱無窮無盡。倒不如盡量放下，煩惱自然會漸漸減少。話雖如此，又有誰能放下呢？

　　許多人都有貪得無厭的毛病，正因為貪多，反而不容易得到。結果患得患失，徒增壓力、痛苦、沮喪、不安，一無所獲，真是越想越得不到。

　　有個孩子把手伸進瓶子裡掏糖果。他想多拿一些，於是抓了一大把，結果手被瓶口卡住，怎麼也拿不出來。他急得直哭。

　　佛陀對他說：「看，你既不願放下糖果，又不能把手拿出來，還是知足一點吧！少拿一些，這樣拳頭就小了，手就可以輕易地出來了。」

　　在生活中，要學會「得到」需要聰明的頭腦，但要學會「放下」，卻需要勇氣與智慧。普通人只知道不斷占有，卻很少有人學會如何放下。於是占有金錢的為錢所累，得到感情的為情所累……佛家勸人們放下，不是要人們什麼事情都不做，是說做過之後不要執著於事情的得失成敗：錢是要賺的，但是賺了之後要用合適的途徑把它花掉，而不是試圖永遠累積；感情是應該付出的，不過沒必要強求付出的感情一定得到回報，更何況什麼天長地久。如果我們學會了「放下」的智慧，那麼不僅會有利於周圍的人，更是從根本上解脫了我們自己。

　　當佛陀在世的時候，有位婆羅門的貴族來看望他。婆羅門雙手各拿一個花瓶，準備獻給佛陀作禮物。

佛陀對婆羅門說：「放下。」

婆羅門就放下左手的花瓶。

佛陀又說：「放下。」

於是婆羅門又放下右手的花瓶。

然而，佛陀仍舊對他說：「放下。」

婆羅門茫然不解：「尊敬的佛陀，我已經兩手空空，你還要我放下什麼？」

佛陀說：「你雖然放下了花瓶，但是你內心並沒有徹底地放下執著。只有當你放下對自我感官思慮的執著、放下對外在享受的執著，你才能夠從生死的輪迴之中解脫出來。」

在我們平常人眼裡，世間萬物往往被認為是私有的，加上我們以既有的觀念去看待世間的萬物，因而在我們的主觀的視野中，便產生畸形的人生觀，當作衡量世間一切事物的基礎，因而使我們深深地被是非、煩惱困擾住了。於是人生就產生了許多的痛苦，而我們自身又無法擺脫這種痛苦的纏繞。

顯然，我們要擺脫世間各種煩惱的束縛，單純地依靠智慧是不可能實現的，有時我們還需要一種勇氣、一種勇於「放下」的勇氣。比方說我們對某些事「求不得」時，就會想盡一切辦法，努力爭取實現其目的，而當這一目的被實現之

後，新的慾望又將會接著產生，於是轉而產生新的煩惱，如此則永無盡頭。此時此刻，如果我們心中能夠產生一種「放下」的勇氣，這個煩惱也就有了終點。

　　懂得「放下」，是一個開心果、是一個解煩丹、是一道歡喜禪。只要我們能夠適時的「放下」，何愁沒有快樂的春鶯在啼鳴；何愁沒有快樂的泉溪在歌唱；何愁沒有快樂的鮮花在綻放！

人生的情致來自淡泊

　　有的人，尚未起床，就開始為這一天發愁；有的人，剛做些事，就想著盡快結束這一天；有的人，時未過午，就已經墜入夜幕之中；有的人，三更已過，還為這惱人的一天輾轉難眠……在這些人那裡，日子是敵人，日子是泥坑，日子是愁山，日子是恨穀……。

　　《壇經》上說：「善知識，心中眾生，所謂邪迷心、誑妄心、不善心、嫉妒心、惡毒心，如是等心，盡是眾生。各須自性自度，是名真度。」它指出，如想讓我們擺脫聲明中的那些困惑，必須要做到「淡漠清心」。將一切煩惱、困惑看淡，那天天都將是好日子。

　　文偃禪師講過：「日日是好日。」有了淡漠之心，天天都

是好日子。它是一種正面的人生態度，是一種開朗的生活方式，是一種健康的人格心理。有了這種心態，還有什麼不能忍耐？

「狂犬吠影」這個成語出自《說法經》中的一則「吠犬投井」的寓言：

有那麼一隻狗，在井邊汪汪地叫。牠一低頭，看到井裡也有一隻狗汪汪地叫，瞪著好大的眼睛，全身的毛都聳立起來，一副怒不可遏的樣子。

井邊的狗以為井裡的狗是要和牠打架，不禁大怒，便狂吠著向井裡的狗影子撲去，最後自己葬身在水井裡。

寓言的旨意在於宣揚忍辱以防憤恨的佛理。佛家認為：世人由於不明而常生憤恨，無端仇怨別人，所以造出許多惡業。井邊之狗不知萬物為虛有，對水中之影狂吠，可見是怨恨的心太重，喪身井底也就勢所必然了。

人生的情致，來自淡泊；淡中交耐久，靜裡壽延長；掃棄焚香可見清福，養花種竹必自安樂；淡飯粗茶有真味，明窗淨幾是安居；知事少時煩惱少，識人多處是非多；得點閒眠真可樂，吃些淡味自無憂；淡飯盡堪充一飽，錦衣那得幾千年；守本分而安歲月，憑天性以度春秋；淡泊之人，豈是雅人，更是高人。

　　有一所鄉下學校，學生們嚮往都市的繁華，慈恩老師帶隊前往見識，兩天下來，大家卻無歡顏，只在七嘴八舌地交換心得。

　　「我是很高興，吃遍了夜市美食，可惜，晚上拉肚子都拉掉了。」小明悻悻地說。

　　「我是買了件漂亮衣服。」小華說，「但是，就捨不得穿。」

　　「我住了一晚高級旅館，內部設施好豪華喔！」

　　小村也談這趟成果，冷不防身旁的仔仔說：「他一刻都沒睡著。」

　　這時，有人請問一旁傾聽的老師。

　　「老師，你呢？你有沒有收穫？」「我的收穫。」老師微笑說，「就是發現，我終於可以一點都不需要這些！」

　　能自得時則自樂，到無心處便無憂；不求則無需，無欲才不貪；這位老師的清高盡在其中；不忮不求，無怨無悔，莫過就是賦性的淡泊了。

　　淡泊是理性的成熟，也是最具體的滿足；它是正面的樂天知命，而非負面的聽天由命；它是入世的適情致性，而非出世的斬情滅性；非寧靜無以致遠，非淡泊無以明志；莫嫌淡泊少滋味，淡泊之中滋味長；淡泊，才是對人性的透澈了解，才是對世情的深刻領悟。

辛苦到頭還辛苦，奔波一世枉奔波；仕途雖顯赫，當思林下之風味，則權勢之念自輕；世事雖紛華，當思泉下之光景，則利欲之心自淡。是的，富貴花間露，我們何事不能看透；榮華草上霜，我們凡事何不看開？

雲在青天水在瓶

從諗禪師曾經作過一首名為〈漁鼓頌〉的詩，其中暗藏了對虛空的認識。

四大由來造化功，有聲全貴裡頭空。
莫嫌不與凡夫說，只為宮商調不同。

這首〈漁鼓頌〉是從諗禪師在回答眾人提問後的即興之作。其中的「漁鼓」是魚形木鼓，寺院用以擊之以誦經的法器。他的這首詩可以這樣理解：一切事物都是由地、水、火、風「四大」物質組合而成，「漁鼓」自然也不例外。只不過大自然對它情有獨鍾，「造化」更為精巧工致而已。「漁鼓」有聲，妙在內無。這個道理凡夫俗子是不明白的，因為他們觀察事物和認識人生的方法與禪者有所差異，有如音律中的宮商不盡相同一般。

從諗禪師借此詩喻指參禪悟道也應與漁鼓一樣，全然在「空」字之中：心中空明，禪境頓生。

第八章　放得下累贅，得到了快樂

只要保持像白雲一樣自如自在的境界，何處不能自由，何處不是解脫？然而，在這個日益繁雜的社會中，大多數人都變得焦躁不安、迷失了快樂。唯一可以改變這種狀態的辦法，便是保持內心的空明，於靜處細心體會生活的點滴，讓生活還原本色。

老街上有一鐵匠鋪，鋪裡住著一位老鐵匠。由於沒人再需要他打制的鐵器，現在他以賣栓狗的鏈子為生。

他的經營方式非常古老。人坐在門內，貨物擺在門外，不吆喝，不還價，晚上也不收攤。無論什麼時候從這裡經過，人們都會看到他在竹椅上躺著，微閉著眼，手裡是一隻半導體，旁邊有一把紫砂壺。

他的生意也沒有好壞之分。每天的收入正夠他喝茶和吃飯。他老了，已不再需要多餘的東西，因此他非常滿足。

一天，一個古董商人從老街上經過，偶然間看到老鐵匠身旁的那把紫砂壺，因為那把壺古樸雅致，紫黑如墨，有某位制壺名家的風格。他走過去，順手端起那把壺。

壺嘴內有一記印章，果然是該名家的。商人驚喜不已，因為他在世界上有捏泥成金的美名，據說他的作品現在僅存三件：一件在美國紐約州立博物館；一件在臺灣故宮博物院；還有一件在泰國某位華僑手裡，是他 1995 年在倫敦拍賣市場

上，以 60 萬美元的拍賣價買下的。

　　古董商端著那把壺，想以 67 萬元的價格買下它，當他說出這個數字時，老鐵匠先是一驚後又拒絕了，因為這把壺是他爺爺留下的，他們祖孫三代打鐵時都喝這把壺裡的水。

　　雖沒賣壺，但那天，老鐵匠有生以來第一次失眠了。這把壺他用了近 60 年，並且一直以為是把普普通通的壺，現在竟有人要以 67 萬元的價錢買下它，他有點想不通。

　　過去他躺在椅子上喝水，都是閉著眼睛把壺放在小桌上，現在他總會坐起來再看一眼，這讓他非常不舒服。特別讓他不能容忍的是，當人們知道他有一把價值連城的茶壺後，總是不斷登門，有的問還有沒有其他的寶貝，有的甚至開始向他借錢，更有甚者，晚上也來推開他的門。他的生活被徹底打亂了，他不知該怎樣處置這把壺。當那位商人帶著 134 萬的現金，第二次登門的時候，老鐵匠再也坐不住了。他請來左右鄰居，拿起一把鐵鎚，當眾把那把紫砂壺砸了粉碎。現在，老鐵匠還在賣拴小狗的鏈子，據說今年他已經一百零一歲了。

　　老鐵匠的內心，隨著茶壺價值的不斷增加而波動不平，生活中原本的寧靜與安詳被打破了，很顯然這突如其來的「好運」並沒有給老人帶來快樂，相反，老人的內心卻承受著

煎熬。在沉思之後，老人最終體悟了「虛空」的禪機。也是在老人舉起鐵鎚的那一刹那，他找回了原本屬於自己的那份安詳與寧靜。

不管你選擇了什麼為「道」，如果將其視為唯一重要之事而執著於此，就不是真正的「道」。唯有達到心中空無一物的境界，才是「悟道」。無論做什麼，如果能以空明之心為之，一切都能輕而易舉。

不要被自己的心困住

人們常說「境由心生」，這種認識雖然是對的，然而在禪宗看來，這只是最膚淺的認識。真正的禪宗認為這種觀點，並不能真正地揭示「心」與「境」的關係，也不是最高境界地「悟」。

自古以來，許多人為了避開世俗的誘惑，往往遠離紅塵而進入深山，在靜默孤寂中潛修。法演禪師得悟於白雲禪師後，卻勇敢地走出山門，在城市繁華喧鬧的樓臺間修建佛寺，將常人撥不開的萬丈紅塵化為菩提道場，表現了非凡的志向和堅毅的定力。而他所作的〈呈師偈〉更是體現出一種「智人忘心不除境，愚者除境不忘心」的深遠智慧。

白雲相送出山來，滿眼紅塵撥不開。
莫謂城中無好事，一塵一刹一樓臺。

《壇經》上曾經記載著的一個故事，揭示了「心與境」的關係。

有一天，五祖弘忍禪師召集來所有的弟子說：「我年齡大了，該把禪宗祖師的衣缽傳下去了。你們每人寫一篇修行感想交給我，如果能真正領悟到禪宗真諦，我就把衣缽傳給他。」

弟子們退下之後都沒寫，因為他們認為，大師兄神秀早就是默認的繼位人，大家沒有必要多此一舉。然而神秀也沒寫，他在想：「如果我寫了，好像是在爭奪禪宗祖師的地位；可是如果我不寫，老師又怎麼知道我的想法對不對呢？」

到了半夜，神秀想出一個辦法，他在沒人的時候，把自己的感悟寫到了寺院牆壁上。他認為：如果老師說不行，我就算了；如果老師說好，我再承認是自己寫的。神秀是這樣寫的：

身是菩提樹，心如明鏡臺。
時時勤拂拭，莫使染塵埃。

第二天，大家看到了神秀寫的詩，正在紛紛議論，五祖弘忍禪師也來了：「不錯不錯，大家好好學習學習。」然後轉身就把神秀叫到自己房間：「這是你寫的吧？」

「是的，老師。我不是要祖師的位子，我只想知道自己的見解對不對。」

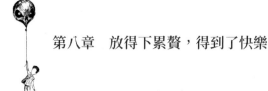

第八章　放得下累贅，得到了快樂

　　弘忍實話實說：「神秀，你的這種見解只到了門外，還沒有入門呢。用這種方法來求得無上智慧，是根本不可能的呀！你回去好好想想，再做一篇。」

　　的確，若如神秀說的，只要不斷修正自己的錯誤就可以。那最初的錯誤又是從何而來的呢？如果煩惱是內心本有，那麼就像泉水一樣，怎麼接都不會接完；如果是外來的煩惱，那麼就像樹上的落葉，豈是打掃能夠解決？這樣的「心」是不能除「境」的。

　　的確，「境」是由「心」生，再由「心」滅的。然而，「心」卻未必能夠隨著「境」生而生、「境」滅而滅。事實上，大多數人常常是「除境不忘心」，而這一切都在於在他們被「念」所困──「不忘心」，即使現實中的「境」消失了，心中的「境」卻不會消失；而只有少數人的「念」不被「境」所困，因此這些人成為了智者。

　　守住內心的「念」，不被「境」所左右，才能讓人生更耀眼。

隨緣，讓煩惱隨風而逝

　　人活著，要做的事情很多，奢望每一件都能按自己的預想發展，那根本是不可能的！一切的苦求，無非只是徒增煩惱。只有一切隨緣，才能平息胸中的「風雨」。

真正的隨緣，是平常胸懷，坦蕩人生，得到了也不歡喜，失去了也不惱怒，能夠悟得得失進退只不過是尋常人生中的小小插曲，終究會棄我們而去。我是誰，何須問。我不過滄海一粟，不過千山一石，塵埃般的微渺，怎敢強求千仞崖頂的笑傲天下？與周圍的人相比，似乎我們還要進取，還要奮鬥，還要競爭，但與宇宙相比，我們算什麼呢！

有人談隨緣，說是宿命論的說法。其實不然，隨緣要比宿命論高深。宿命論，不過是無奈於生命的抗爭而作的不得已之論而已。隨緣呢，一種人生態度，高超而豁然，不是很容易做到的。多麼灑脫的胸懷，看徹眼前的浮雲，把人生滋味看透。沒有一番體驗，不經歷一場劫難，怎麼敢妄言一切隨緣？妄言者，必無病呻吟，或附庸玄談佛道而已，必遭人嘲笑。

一切隨緣，簡單地說，是一種心態，或是一種生活態度。它和正向的進取並不相矛盾。相反的，它們則是相輔相成，互為補充的。

有的人一生，汲汲於名利，終究逃脫不了名韁利鎖的羈絆。其實，有什麼用呢？事物往往這樣，你怎樣看待，便是什麼樣子。你的心境是樂觀的，縱使是再大的困厄，也便無懼；相反，如果你的心境是悲觀的，縱使是處於大歡喜中，還是能看出愁苦來。

　　是啊，人生說長就長，說短就短，就像江水東流，一去不返；又像天上月，圓虧自有定數。人在年輕的時候，像一匹初生的野馬，眼中沒有困難，沒有畏懼，只想一味地馳騁奔騰。因此，往往會書生意氣，指點江山。長大時，便被套上枷鎖，做事循規蹈矩，失去了自由，再也沒有初生的野氣和不拘了。等到老了的時候，更不會談什麼有所作為了。

　　正如《大話西遊》中紫霞仙子說的那樣：「我猜到了故事的開頭，卻沒有猜到這結局。」

　　外在的風風雨雨，終有停止的一刻，但我們內在的風暴，又到何時才能歸於平靜呢？一切的苦求無非徒增煩惱。只有一切隨緣，才能平息胸中的風雨。

　　人生的每一段緣起緣滅，無不留下歡喜和淚水、遺憾與傷痛。只有我們坦然面對，才可能撫平傷口。一切隨緣，把命運的強制，由無奈轉變為淡然。緣來的時候，珍視但不狂喜；緣去的時候，坦然但不留戀。傷感是難免的，只是傷感過後，坦然地說一句，一切隨緣吧！

　　一切隨緣，人生便可自在逍遙，沒有什麼可以牽制意志和靈魂。

　　我們可以學一學古人的興致。一分超然，一份豁達，一分榮辱偕忘，一分沉浮不驚，一分進退不擾，此五分足矣！有了

這些，便可以坦然面對人生路途上的風風雨雨，坎坎坷坷。

面對生活中的種種煩惱憂愁，我們不必過於掛在心間。既然它們「隨風」而來，就讓它們隨風而逝吧！

「不爭」和「無求」是遠離煩惱的絕妙方法

老子提倡返璞歸真，而返璞歸真不是有意逃避，也不是當做不做，而是以不做作、不執著的態度去做。無欲則剛，所以無為而無不為。無為其實是自由的另一種說法。

從那些雄才大略，雄心壯志裡面，老子看到的是無可奈何的不自由：「將欲取天下而為之，吾見其不得已。」

所欲不會總是得遂，但欲望卻永不休止，以不能總是得遂的結果，去滿足永不休止的欲望，最終必痛苦絕望，魯迅說：「絕望之為虛妄，恰如希望一樣。」沒有開始希望，絕望也無所謂了。所謂「退一步海闊天空」。抽身事外，不去爭搶，不為功名利祿所動，把有所作為當作無所作為，把有事當作沒事，把大事當小事，不掛在心上，不炫耀，不自以為是，不自怨自艾，以善意對待仇恨，麻煩和絕望就不會找上門來。無欲無求，天下就沒人能爭得過你。

只要身心清淨安樂，就能享受人生真正的快樂。但在現實生活中，卻很少有人能做到這點。人們要不是嫉妒別人，

看不得別人比自己強；就是心生怨恨，很在意別人的說法、看法，一旦這些說法、看法和自己不一樣，就生氣、發火；要不是在為錢為財蠅營狗苟，貪得無厭，很少能達到無欲無求的境地。

何謂嫉？當別人超過自己時，油然而生的一種酸溜溜的感覺，那就是嫉妒。別人長得比自己漂亮，心裡會酸溜溜的；別人比自己健康，心裡會酸溜溜的；別人吃得比自己好，心裡會酸溜溜的；別人穿得比自己有品位，心裡會酸溜溜的；別人住得比自己寬敞、舒適，心裡會酸溜溜的；別人的女朋友（或男朋友）比自己的美、酷、帥，心裡會酸溜溜的；別人的成績比自己的高，心裡會酸溜溜的；別人的職位比自己的高，心裡會酸溜溜的；別人比自己財大氣粗，心裡會酸溜溜的；別人開名車，自己卻還騎著腳踏車，心裡會酸溜溜的；別人出國留學，自己不能，心裡會酸溜溜的。總之，只要別人過得比自己好，心裡就難過。

嫉妒不僅是一種負面的、有害的心態，而且是一種心理疾病。嫉妒心越強，說明其心理越脆弱。他不能確定自己的位置和目標，總是把自己同與人比較，無法從生活和工作中發現自己真正的價值。因此，常常處在壓抑、焦慮不安、怨恨煩惱、患得患失的心境中，得不到片刻祥和、寧靜。因此，嫉妒就像一把雙刃刀，既使別人受到傷害和痛苦，也使

自己處在頻繁的心理刺激和壓力下，造成神經系統失調，影響心血管及許多臟器的功能，進而導致心律不整、高血壓、心臟病、精神官能症、胃及十二指腸潰瘍的發生，嚴重的還會誘發某些精神疾病，出現早衰。

那麼如何治療呢？人得如己得，隨喜功德——恭喜、祝賀超越自己的人，進而見賢思齊，取長補短。這樣，豈不皆大歡喜？關鍵是要有真誠的愛心。愛是持久忍耐，又有慈悲；愛是不嫉妒，不做害人的事；愛是但願你過得比我好，愛使灰冷的心田溫暖，使無望的沙漠中，開出一片希望的綠洲；愛是付出，也是得到。愛護眾生的人有福了，慈悲的人有福了。

瞋心也是一種負面的、有害的心態，是一種傷害身心的「火氣」，是一種滲透到內心深處的對立情緒，它令人對微不足道的事情劍拔弩張。科學家們相信，正是這種對立情緒導致心血管疾病的發生。列·烏伊爾揚姆斯醫生的研究證明：經常生氣、發火，會對人的身心產生不良影響，還可能導致動脈甚至免疫系統受損。

因此，近代有位法師早就告誡我們：「瞋心一起，於人無益，於己有損；輕亦心意煩躁，重則肝目受傷。須令心中常有一團太和元氣，則疾病消滅，福壽增崇矣。」「今既知有損無益，宜一切事當前，皆以海闊天空之量容納之。」

第八章　放得下累贅，得到了快樂

　　還有一種負面的、有害的心態，那就是貪心。造假行騙是因為貪，受騙上當是因為貪。圈套、陷阱、籠子都是為貪得無厭者而設。如果不加以適合地引導和制約，小則害人害己，大則害國害民。醫學家指出，貪得無厭者，往往是十分虛偽的人，自欺欺人，使自己的精神處於緊張狀態，處於焦慮不安和煩惱中，加重了身心的負擔。長久下來，會造成有機體生化代謝和神經調節功能的紊亂，造成內傷，損害健康，損福折壽。這絕不是危言聳聽。

　　因此，「大」不可貪，「小」亦不可貪，貪小則失大。

　　不要貪小便宜，如用學校或公司的電話打私人長途，多報銷計程車票等。

　　也許有人認為，這只是一些細節、小事，然而，正是這些所謂的「小事」，成為塑造人格和累積誠信的關鍵。貪小便宜、耍小聰明的行為，只會把自己定位為一個貪圖小利、沒有出息的人的形象，最終因小失大。古時便有「勿以惡小而為之」的訓言。

　　我們要想轉貪念、欺騙為誠信、布施，便能自利利他。所謂施捨之手比乞求之手為貴；所謂好施捨的，必得豐裕，滋潤人的，必得滋潤。

知道自己為何而忙

　　莊子認為，天地賦予我形體來使我有所寄託，賦予生命來使我疲勞，賦予暮年來使我享受清閒，賦予死亡來使我安息，所以以我生為樂事的，必然以我死為樂事。既然生死、形體、勞逸、安息都是天地賦予我們的，所以生則樂生與死則樂死是我們的職責，是自然的造化，人的產生，只是順應自然的結果。莊子思想中的「命」作用相當廣泛，不僅決定了人的生死自然大限，而且預定了人的一生，在社會生活中的倫理關係和貧富窮達的遭遇。

　　人活百年都無法參透兩個字 ——「生」與「死」，但是不管人們能否參透這兩個字，最終的結果都是一樣的。然而，在同等情況下忙忙碌碌的一生裡，有的人活了個明白，為了自己的理想而奮鬥、而忙；有的人卻一輩子糊里糊塗、不知自己在忙什麼、為什麼而忙！因此，上面兩種人有著不同的命運與結果。

　　的確，人生是短暫的。若我們不能正視人生，人生就會如流水般只有流走的，沒有留下的。因此，我們一定要明白我們這短暫的一生是怎樣度過的，怎樣過才是有意義的。

　　一天，一位大師問他的學生們：「同學們！你們每天忙碌地學習，究竟是為了什麼呢？」

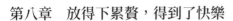第八章　放得下累贅，得到了快樂

有的學生說：「為了讓我們的生命活的更好！」

大師用清澈的目光環視著同學們，又沉靜地問：「那麼，你們說說肉體的生命究竟有多長久？」

「我們的生命平均起來不過幾十年的光陰。」一個學生充滿自信地回答。

大師搖了搖頭：「你並不了解生命的真相。」

另一個學生見狀，充滿肅穆地說道：「人類的生命就像花草，春天萌芽發枝，燦爛似錦；冬天枯萎凋零，化為塵土。」

大師露出了讚許的微笑。接著另一個學生說：「我覺得生命就像蜉蝣一樣，早晨才出生，晚上就死亡了，充其量只不過一晝夜的時間！」

又一個學生說：「其實我們的生命跟朝露沒有兩樣，看起來美麗，可只要陽光一照射，一眨眼的時間它就乾涸消逝了。」

大師含笑不語。學生們更加熱烈地討論起生命的長度來。這時，只見一個學生站起身，語出驚人地說：「照我看來，人命只在一呼一吸之間。」

語畢，眾人皆愕然。大家凝神地看著大師，期待大師的啟迪。

「嗯，說得好！人生的長度，就是一呼一吸。只有這樣認

識生命，才是真正掌握了生命的精髓。同學們，你們切記，不要懈怠放逸，以為生命很長，像露水有一瞬，像浮游有一晝夜，像花草有一季，像凡人有幾十年。生命只是一呼一吸！應該掌握生命的每一分鐘，每一時刻，勤奮不已，勇猛精進！」

人們往往在生與死的抉擇中，才能體會到生命的意義，才會明白活著的價值，不要將自己的生命浪費在那些沒有絲毫意義的事情上，要抓住每分每秒可以利用的時間充實自己。

有許多人的生命雖然短暫，然而他們活得卻很精彩；有的人雖然能夠活到百歲，然而他們卻糊塗糊塗、空活百年；有的人總是因為害怕死亡，而嫌時間過得太快，事實上他們每天都在浪費時間；有的人卻忙碌得來不及考慮這些無謂的問題，他們的時間，每一分每一秒都被充分了，根本「來不及老」。而這種「來不及老」的人，雖然無法達到參透生死的境界，然而他們離這種境界卻並不遙遠。

有一個人學業有成後，就到美國工作了。三十年後歸來，去探望自己的恩師。兩人在談論一些事情之後，這個人問他的恩師：「老師，這三十年來，您一個人過得可還好？」

老師說：「我很好，每天上課、著作，世上沒有比這種更欣喜的生活了。我每天忙得很快樂。」

「老師，分別的這三十年來，您每天的生活仍然這麼忙碌，怎麼都不覺得您老了呢？」

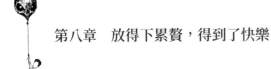

第八章　放得下累贅，得到了快樂

　　老師說：「我沒有時間覺得老呀！」

　　「沒有時間老」，這句話後來一直在學生的耳邊迴響著。

　　事實上，老師並非沒有老，畢竟三十年的時間，對於誰來說都不算短，那麼他為什麼卻並沒有覺得自己老呢？這主要還是在於他對待人生的態度上，正是他將自己每天的工作安排得很充實，讓原本一天中的無數個中斷點，緊密地連結在一起，他才「來不及老」的。

　　許多人都有這樣的感受：當我們還是孩童時，曾經有過許多的夢想，但當我們還未想如何去實現這些夢想時，死亡已經悄然而至。我們只能感嘆、只能埋怨我們沒有看清什麼是人生。於是我們祈求上天，能讓我們回到從前，但那只能是一廂情願的奢望而已。所以無論我們現在是背著書包上學的孩子，還是上有老、下有小的中年，抑或白髮蒼蒼的老人，都要珍惜我們剩餘的人生，奔向我們擬定的人生目標，實實在在地努力，便不會留下那麼多的遺憾與悔恨了。

　　「人的一生應當這樣度過：當他回首往事時，不因虛度年華而悔恨，也不因碌碌無為而羞恥。」的確，我們只有將這句話領悟於心、度過人生，在離開這個世界的時候才能無怨無悔、坦然面對。

守住你的平常之心

　　大丈夫不論得不得志，皆能泰然處之。孟子說：「窮不失義，達不離道。窮不失義，故士得已焉；達不離道，故民不失望焉。古之人，得志，澤加於民；不得志，修身觀於世。窮則獨善其身，達則兼善天下。」在不得志的時候也不忘記義理，在得志的時候更不違背正道。孟子還認為，君子是不受外界動搖的，只要不做欠缺仁德、違反禮義的事，則縱使有什麼突然降臨的禍患，也能夠坦然面對，不以其為禍患了。

　　孟子本人不僅坐而言，而且早已起而行，達到那種境界了。有一次，公孫醜問他：「倘若夫子做到齊國的卿相，得以推行王道政治，則齊國為霸諸侯、稱王天下，也就不算什麼稀奇事了。可是當您實際負擔這項重任時，也能夠做到毫不動心的境界嗎？」

　　孟子回答：「是的，我四十歲以後不動心了。」那麼，如何才能達這個境界呢？孟子列舉了兩個方法，即「我知言」與「我善養吾浩然之氣」。

　　所謂「知言」是指能夠理解別人所說的話，同時也能明確地判斷。《孟子》中講：「聽到不妥當的話，就知道對方是被私念所蒙蔽；聽到放蕩的話，就知道對方心裡有邪念；聽

到邪僻的話，就知道對方行事有違反正道的地方；聽到閃爍不定的話，就知道對方已經窒礙難行了。」換言之，擁有這種明確的判斷力，就不會被那些無關痛癢的小事所愚弄，更不會因而動搖自己的心意了。

第二，「浩然之氣。」公孫醜問孟子，何謂浩然之氣？孟子說：「難言也。其為氣也，至大至剛；以直養而無害，則塞於天地之間。其為氣也，配義與道，無是餒也。是集義所生者，非義襲而取之也。行有不嫌於心，則餒矣。」這段話的大意是，這種氣極其廣大、剛健，若能對自己所行的正道抱持一定的自信，以這種方法來培養它，就能充塞於天地之間。但它只是配合著道與義而存在的，若缺乏道與義，則浩然之氣也就蕩然無存了。只有在反覆實行道與義時，才能夠自然而然地獲得。如果僅是偶一為之，就不可能獲得。總之，首先要對自己所從事的合乎正道之事，抱持堅定的信念，然後才能產生「浩然之氣」。

在《論語》中有「孔子絕禮於陳」的故事。孔子帶著弟子們周遊列國時，在陳捲入政治糾紛中，連吃的東西都沒有，連續幾天動彈不得。最後，弟子子路忍不住大叫：「君子也會遇到這種悲慘的境遇嗎？」孔子對於子路的不滿視而不見，只是淡淡地回答：「人的一生都會有好與壞的境遇，最重要的是處在逆境時如何去排遣它。」

　　荀子根據這段故事指出：「遇不遇者時也。」任何人的一生，總會有不遇的時期，無論從事什麼工作，都會有和預期相反的結果。長久下來，任何人都不免產生悲觀情緒。然而，人生並不僅有這種不遇的時候。當雲散日出時，前途自然光明無限。所以，凡事必須耐心地等待時機的來臨，不必驚慌失措。相反，在境遇順利的時候，無論做什麼事都會成功；可是總有一天，不遇的時刻會悄然來臨，因此，即使在春風得意之時，也不要得意忘形，應該謹慎小心地活著。

　　我們應採取順境不驕矜；逆境不頹唐的生活態度。

　　春秋時期，孔子率領學生們出遊。一天，孔子觀賞瀑布的景色，見那水流從兩、三百公尺的高處飛瀉而下，撞入江中，激起滾滾波濤，直衝出數十里之外，那地方，魚蝦龜鱉都無法生存。

　　忽然，只見一個男子跳進急流之中，孔子以為那是自尋短見的，便急忙讓學生順著河流去營救他。不料，這人游出數百步之外，便從水中走出，在河邊悠然自得地唱起歌來。

　　孔子趕上去問他：「您能在這種地方游泳，有什麼祕訣嗎？」那男子回答：「我沒有什麼祕訣。我憑著人類的本能開始我的生活，依靠人類的適應性而成長，順其自然成功。游泳的時候，我與漩流一起潛入水底，隨同湧流而浮出水面，

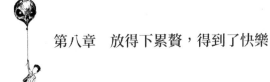

第八章　放得下累贅，得到了快樂

完全順從水性而不憑主觀意志行事。這便是我能駕馭洶湧急流的原因。」

孔子又問：「什麼叫做憑本能開始生活，靠適應性而成長，順其自然而成功呢？」那男子回答：「我生在陸地而安於陸地，這就是本能；長於水上而安於水，這就是適應性；不知道我為什麼會這樣而結果這樣，這就是順其自然。」孔子點頭頓悟。

這個男子能制服洶湧奔騰的急流，遨遊其中，得心應手，就因為他不以主觀意志行事，而是根據自然法規，尊重客觀規律，按著生活的邏輯去辦事。人之處事，亦應順其自然，正所謂適應世事，適應萬物。

「不以物喜，不以己悲」就是要我們守住一顆平常心。守住平常心，應該承認有些東西得不到，學會放下，放下求之而不得的東西，才會輕鬆快樂起來。其實，往往平凡的表面蘊藏著深層次的規律和道理，你會越做越高興，越做越快樂。

守住平常心，還表現在對名譽和困難的態度。學會放下美麗的光環，才能輕鬆前進。學會知難而上，才能踏平坎坷上大道。順境和逆境都是人生的財富，只有懂得珍惜和品嘗的人，才會讀懂「平常」二字的「不平常」真諦。

慶曆二年（1042年），范仲淹任邠州太宗。一天閒暇時，他約了同僚登樓飲酒做詩，宴會尚未正式開始，哭聲由遠而

近。當他得知死者無錢買棺材時，立刻撤席，打道回府，拿出自己的積蓄幫助安葬死者。他的這一舉動，深深感動了在場的人，無不為之嘆服。由於范仲淹為政清廉，為人民辦了好事，邠州、慶州的百姓和宋屬的羌族，「皆畫像立生祠事之」。

范仲淹不僅為政清廉，而且個人生活十分節儉。每當他遇到貧困者，總是傾囊相助。當初，「諸子至易衣而出，仲淹晏如也」。「其後雖貴，非賓客不重肉。妻子衣食僅能自充」。他雖貴為將相，但卻勤儉持家，對子孫要求十分嚴格。次子范純仁結婚時，他主張一切從簡，可兒媳家想用羅綺帷帳做嫁妝，他聽後很不高興，立即對純仁說：「羅綺非帷幔之物，吾家素清儉，安能以羅綺為幔，壞我家法，若將羅幔帶入家門，吾將當眾焚之於庭。」最後還是按照范仲淹的意思，樸素地辦了婚事。在范仲淹六十一歲任杭州知州時，子弟請治第洛陽「樹園圃」，欲使清貧的老人安享晚年。他卻說：「人苟有道義之樂，形骸可外，況居室乎！」接著又說，洛陽那麼多花園，我到哪裡都可以觀賞，何必自己有了才覺得歡樂呢？就這樣拒絕了晚輩的治第請求。足見他處世之超脫。

范仲淹在《岳陽樓記》中寫：「不以物喜，不以己悲，居廟堂之高則憂其民，處江湖之遠則憂其君，是進亦憂，退亦憂。然則何時而樂耶？其必曰『先天下之憂而憂，後天下之

第八章　放得下累贅，得到了快樂

樂而樂乎？』」「先天下之憂而憂，後天下之樂而樂」已成歷代仁人志士崇高憂樂觀的精闢概括。而「不以物喜，不以己悲」這一句，在憂喜這對矛盾關係的處理上，也可以達到順其自然「難得糊塗」的境界，「當憂則憂，當喜則喜」。范仲淹記岳陽樓，一為重修岳陽樓，更為勸老朋友滕子京。滕子京當年身為改革派人物，受誣被貶到岳州，心中憤憤不平。范仲淹便借記岳陽樓，而把規勸之言和自己的處世態度，自然藝術地表達出來。所謂「不以物喜，不以己悲」，就是說人的憂喜情緒不因客觀景物美好而高興，也不因個人境遇不佳而憂傷，順其自然，豁然、超然。一般人難以做到「不以物喜，不以己悲」，因為人畢竟是有情有慾，不可能受客觀外界干擾而無動於衷，也不可能因受到不公正的待遇而麻木不仁。只是要在客觀外界向自己逼迫而來時，能夠坦然以對，灑脫些，想開點，看遠點。

憂也好，喜也罷，有時在客觀環境不變，或變化較小的情況下，就得靠主觀調節，努力減少擔憂，多尋找一些快樂。把目光放遠些，不要為眼前的境遇所困擾，所壓倒；不要被蠅頭小利所誘惑，所腐蝕，做一股「淺淺水」，讓它「長長流，來無盡，去無休。」

放曠達觀，隨遇而安

孔子曾說過這樣一段話：「虞仲、夷逸，隱居放言，身中清，廢中權。我則異於是，無可無不可。」

孔子的意思是：根據客觀實際情況的發展變化，而考慮怎樣做適當。得時則駕，隨遇而安。

人生於天地間，則立於世，行於世。立身處世，當從大處著眼，小處著手，不為權勢利祿所羈，不為功名毀譽所累，明察世情，了然生死，才可做到曠達，能持性而往，能臨危不懼，能以本色面世，不費盡心機，不為無所謂的人情客套禮節規矩所拘束，能哭，能笑，能苦，能樂，泰然自在，怡然自得，真實自然，保持自己的個性特點，豈不快哉。

陶潛因被生活所迫，不得已而為仕。29 歲時，他曾當過江州祭酒，但不久便自動辭職回家種田。隨後，州裡又請他去做主簿，他不願意接受。到了 40 歲，他為了解決家裡的生活困難，又到劉裕手下做了鎮軍參軍，41 歲時，轉為彭澤縣令，但只做了 80 多天，便辭職回家。從此以後，他再也不願意出來做官了，而寧願親自種田來養家活口，過一種十分清淡貧窮的日子。

辭官回家以後，陶淵明彷彿從一個烏煙瘴氣的地方，突然來到了空氣清新的花園，心情暢快、愜意極了。他立即寫

了一首辭賦，題目叫〈歸去來辭〉，以表達自己厭惡官場，嚮往自由生活的心情。從此以後，他帶著老婆、孩子，一直過著一種耕田而食、紡紗而衣的田園生活。平時有空閒，他就寫詩作文，以寄託自己的思想感情，後來，成了晉朝一位傑出的詩人。

有曠達之性，才可逍遙於世，輕鬆做人，從容處事，自己主宰自己。超然物外，有官無官不在意，有錢無錢無所謂，有名無名不上心。窮福得失，淡然處之，如此便無往不樂了。曠達乎，逍遙哉！

唐代詩人劉禹錫，是個性格耿直的人。他因為直言相諫而得罪了權貴，但他從不在意。

永貞元年的時候，剛剛即位的唐順宗任用王叔文進行社會改革，引起了宦官反對，迫使順宗退位，擁其長子李純為憲宗，並貶逐王叔文。劉禹錫因為與改革派合作，也被貶。十年後，由於當朝宰相賞識他的才幹，才將他召回長安。

劉禹錫回長安以後不久，就聽說長安朱雀街旁崇業坊有一座玄都觀。觀內道士種植許多桃樹，桃花盛開如雲霞，於是便去觀賞，並寫詩一首〈元和十年自朗州承召至京戲贈看花諸君子〉：

紫陌紅塵拂面來，無人不道看花回。
玄都觀裡桃千樹，盡是劉郎去後栽。

詩題中的諸君子，指的是和劉禹錫一起被貶，又同時被召回長安的朋友柳宗元、韓泰、陳諫等人，字面的意思是：長安大街上，車馬揚起的灰塵撲面而來，沒有人不是說剛看完花回來，玄都觀裡的上千棵桃樹，都是劉禹錫貶官出長安後栽的啊！

其實，從「戲贈」的「戲」字中可以看出，這首詩是有另一層含意的，詩的後兩句是諷刺當朝眾多的現任大官，說他們都是詩人遭貶後，被提拔出的諂媚之臣。

看到這首詩後，權貴們當然惱怒了，於是再一次把劉禹錫貶到播州。當時，播州是最偏遠荒僻的地區，可見權貴們對他的怨恨有多深。後來，因為朋友柳宗元、裴度的幫忙，加上他有年老的母親，於是便改為連州刺史。

十四年以後，由於裴度向文宗推薦，劉禹錫才又被召回長安，任主客郎中官職。這年的三月，劉禹錫又一次到玄都觀來，但這時的景象已和十四年前不同了。滿院雲霞般的桃樹已蕩然無存，只有兔葵、燕麥在春風中搖動。劉禹錫想到自己兩次被貶又兩次召回的經歷，由不得感慨萬千，於是寫詩抒懷：

第八章　放得下累贅，得到了快樂

> 百畝庭中半是苔，桃花淨盡菜花開。
> 種桃道士今何處？前度劉郎今又來。

這首詩表面的意思很好理解，但它也有深一層的含義。詩人感嘆「一朝天子一朝臣」的時局變換如此莫測，那些一度得寵不可一世的權臣們都垮臺了，但是堅持正義的「劉郎」卻又回來了。可見爭名逐利不過是過眼雲煙，胸襟豁達，為人要有幾分淡泊，才能笑到最後，做最後的勝利者。

做人要有幾分淡泊的心態，要不然，欲望會讓你痛苦不堪。逍遙曠達不是要求做到無欲，而是淡看各種名利之慾。淡看之後，則可生曠達，有了曠達之後，人生自然逍遙了。

東坡說，我之所以能時刻都很快樂，關鍵在不受物慾的主宰，而能遊於物外。

人，一旦「遊於物內」，而不「遊於物外」，夢寐以求地沉浸在沒有窮盡的「物」的占有慾，及其永無止境的膨脹的狀態中，人都成了「物」的奴隸，那還有什麼真正的人生樂趣呢？錢，可以使人不擇手段；權，可以使人膽大妄為；名，可以使人變得虛偽，慾，可以使人失去理智……在種種物慾的誘惑下，很多善男信女蛻變成了不法之徒，很多國家公務員淪為了階下之囚。這「遊於物內」，人被物所擄，不僅會使人失去人生的樂趣，還會失去最基本的良心和道德。

人，只有擺脫了外界的奴役，自己主宰自己，才可能永
保心靈的恬靜和快樂。超於物外，官大官小不記於心，有名
無名也不在乎，窮富得失淡然處之，錢多錢少無所謂，這樣
不就無往而不樂了？

第八章　放得下累贅，得到了快樂

第九章
肯吃虧者有福報，善吃虧者是高人

捨得是一種智慧，其中很重要的一個方面就是捨得吃虧。吃虧是一種捨己度人的胸懷，是一種不計得失的氣度，有這種胸懷和氣度的人，表面上有所失，實際上必有大得。當然，如果你認識到吃虧更是一種獲得幫助、做事成事的手段，可謂理解了「吃虧是福」的深層含義，必定能成為一個有所作為的「高人」。

把吃虧當作你必須付出的本錢

著名心理學家霍曼斯（George Homans）指出，人際互動在本質上是一個社會交換的過程。人們的一切互動及一切人際關係的建立與維持，都是依據一定的價值尺度來衡量的。

對自己值得的或者是得大於失的人際關係，人們就傾向於建立和保持；而對自己不值得的或者是失大於得的人際關係，人們就傾向於疏遠和逃避，甚至中止這種關係。

正是人際互動的這種社會交換本質，要求人們在與人互動時，必須讓對方覺得與自己的互動是值得的。而要做到這一點，則常常需要我們首先做出必要的自我犧牲。

有位名叫林達德的企業家，他既沒有高學歷，也沒有金錢，更沒有輝煌的家庭背景，但卻很快在商業上獲得了成功。當有人請教他成功的祕訣時，他說：「我總是樂意向別人付出，因此也能得到別人的信賴和幫助。正是由此建立起來的良好人際關係，使我很快便走向了成功。」

平凡的林達德最初也是一個孤獨的人，沒有誰樂意與他交流，因為他太普通了。在忍耐了一段寂寞的人生之後，他從社會上逐漸悟出了這樣一個道理：若要受到別人的歡迎，與人建立良好的人際關係，就必須做出必要的自我犧牲。

　　真正的與人來往之道，就是適當地給別人某些方面的「利益」。而這些「利益」，有時是物質方面的，有時則是精神方面的。

　　對於像林達德這種在物質方面幾乎一無所有的人來說，所犧牲的「利益」主要就是精神方面的。比如說，無論多麼忙碌，當有人來找他時，林達德都不會向對方表現出厭惡或不耐煩的樣子，更不會拒人於千里之外。除非是真的無法抽身，他才會婉轉地表達出自己的歉意，並在事後設法補償缺憾。

　　林達德解釋自己這樣做的理由時說：「像我這樣一無所有的人，如果想要與別人建立起良好的人際關係，就不能不讓對方感到與我來往是愉快、歡樂的。」

　　他是一個很體貼、照顧別人的人，對周圍人的體貼，甚至超過了別人自己的想法。每當有人說要到他那裡玩，他都表示十分歡迎，並希望對方能在自己這裡住上幾天。背地裡他無論多麼拮据、多麼苦惱，但從不表現出來。他好像隨時都在歡迎他人的光臨，竭誠接待。當別人回去的時候，他甚至還想著為人帶點小禮物、特產之類的東西。

　　林達德總是盡自己所能來滿足別人的某些慾望，而他這種不怕犧牲自我利益的做法，也使別人對他有所幫助，從而滿足了他心中的很多慾望。

事實上，每個人對周圍的人，都會懷有不同程度的期待之心，都想讓與自己接觸的人給自己帶來某些利益。如果你能滿足人們的這種心理，就一定能獲得他們的好感。

長期以來，人們最忌諱把人際相處和交換連結起來，認為一談「交換」就很庸俗，就褻瀆了人與人之間的真摯情感。但事實上，人們在相處中，總是在交換著某種東西，要不是物質的、利益的，就是精神的、情感的，或者是兼而有之。

在進行交換的時候，人人都希望「交換」對自己來說是值得的，期望在交換過程中得大於失，至少應是得失相當。不值得的交換是沒有理由的，不值得的人際相處更沒有理由去繼續維持，否則就無法保持心理平衡。

其實，無論多麼親密的關係，都應該注意從物質、感情等方面去「投資」。如果忽視了這一點，即使原來非常親密的關係，也會逐漸變得疏遠、淡漠，使人陷入人際關係的困境。

然而，想要讓別人覺得與自己的相處確實是「值得」的，最好的辦法就是持續付出，首先做出自我犧牲。這樣做，會使人覺得你很豪爽、大度、重感情、樂於助人等，進而很快被他人接受和信賴。

在做出自我犧牲的同時，還要注意不要急於獲得回報。

在現實生活中，只願付出、不求回報的人幾乎沒有，但是，急於回報的結果，往往是得不到回報。因為這會給人一種「被利用」的感覺。

當然，對於大多數人來說，如果在付出之後，卻沒有得到希望中的回報，就會感覺自己「吃虧」了。但是，這種「吃虧」是值得的，除非你所碰到的是特別陰險、奸詐的人，否則就沒有白吃的虧。

就普通人之間的相處來說，大家往往都遵循著付出和回報等價這一相似的原則。我們所給予對方的，將會形成一種社會儲存而不會消失，一切終將以某種我們常常意想不到的方式回報給我們。

而且，這種「吃虧」還會贏得別人的尊重，這反過來可以增加我們的自尊和自信。顯然，「吃虧」將帶給人們一個美好的人際關係世界，而那些總是喜歡占便宜的人，其實是在損傷自己的尊嚴和信心、聲譽。不願犧牲自我利益，而只想向別人索取的人，必將在人際相處中找不到立足之地。

要學會感謝你所吃過的虧

在一般人的觀念裡，吃虧總是件壞事，不情願、不得已而為之。話又說回來，人際交往中沒有白吃的虧，你總會為

你所吃過的虧得到超額的回報，從這個意義上說，我們不該迴避，且吃虧是福，生命中吃點虧算什麼？吃虧，如果能換來非常難得的和平與安全，能換來身心的健康與快樂，吃虧又有什麼不值得的呢？況且，在吃虧後和平與安全的時期之內，我們可以重新調整我們的生命，並使它再度放射出絢麗的光芒。

　　吃虧是福。因為人都有趨利的本性，你吃點虧，讓別人得利，就能最大限度地得到別人的幫助，使你的事業興旺發達。

　　有位哲人曾寫下這樣一段令人怦然叫絕的文字，的確是對「吃虧是福」的最好詮釋：人，其實是一個很有趣的平衡系統。當你的付出超過你的回報時，你一定取得了某種心理優勢；反之，當你的獲得超過了你付出的勞動，甚至不勞而獲時，便會陷入某種心理劣勢。很多人拾金不昧，絕對不是因為跟錢有仇，而是因為不願意被一時的貪欲，搞壞了長久的心情。一言以蔽之：人沒有無緣無故的得到，也沒有無緣無故的失去。有時，你是用物質上的不划算，換取精神上的超值快樂；也有時，看似占了金錢便宜，卻同時在不知不覺中，透支了精神的快樂。

　　所以先哲強調：吃虧是福，就是這樣一個道理。

古代兩位智者寒山與拾得的對話，也許對我們很有啟發：

一日，寒山問拾得：「今有人侮我、笑我、藐視我、毀我傷我、嫌惡恨我、詭譎欺我，則奈何？」拾得說：「子但忍受之，依他、讓他、敬他、避他、苦苦耐他、不要理他。且過幾年，你再看他。」

那個高傲不可一世之人，其結局就可想而知了，而我們也一定可以想像得出拾得的勝利的微笑 —— 即使這可能是一種超脫圓滑者的微笑。不過，它的確會給我們的生活帶來一些好處。

主動把大頭讓出去

與人合作時如果占的是小利，就認為自己吃了虧，於是想方設法取得大利益。但是這種思維方式和做法，真的能占到大便宜嗎？其實未必。

有個做砂石生意的老闆，沒有文化，也絕對沒有背景，但生意卻出奇的好，而且歷經多年，長盛不衰。說起來他的祕訣也很簡單，就是與每個合作者分利的時候，他都只拿小利，把大利讓給對方。

如此一來，凡是與他合作過一次的人，都願意與他繼續合作，而且還會介紹一些朋友，再擴大到朋友的朋友，這些

人最後都成了他的客戶。人人都說他好，因為他只拿小利，但把從所有人那裡拿來的小利加起來，就成了最大的大利，他才是真正的贏家！

吃虧是福，因為人都有趨利的本性，你吃點虧，讓別人得利，就能最大限度地得到別人的幫助，進而使你的事業興旺發達。

但現實生活中，能夠主動吃虧的人實在太少，這並不僅僅因為人性的弱點，很難拒絕擺在面前本來就該你拿的那一份，也不僅僅因為大多數人缺乏高瞻遠矚的戰略眼光，不能捨眼前小利，而爭取長遠大利。能不能主動吃虧，實在還與實力有關，因為吃虧以後，利潤畢竟少了，而開支依然存在，就很可能出現虧空。如果你所吃的虧，能夠很快獲得報答那還撐得住；反之，吃虧就等於放血，對體弱多病的人來說，可能致命。

吃虧是福。但是吃虧也是需要技巧的，會吃虧的人，虧吃在明處，便宜占在暗處，讓你被占了便宜還感激不盡，這也是經商的智慧。

越想占便宜，往往占不到便宜

捨得是一種智慧，事事想占便宜則是一種愚蠢的行為。在深入探討這個問題之前，先讓我們來讀一則有一點寓言意味的小故事：

一天早上，父親做了兩碗麵，一碗有蛋，一碗無蛋。端上桌，父親問兒子：「吃哪一碗？」

「有蛋的那一碗！」兒子指著有蛋的那一碗。「讓爸爸吃那碗有蛋的吧。」父親說：「孔融 7 歲能讓梨，你 10 歲啦，該讓蛋吧？」「孔融是孔融，我是我 —— 不讓。」「真不讓？」「真不讓。」兒子一口就把蛋咬了一半。」「不後悔？」「不後悔。」兒子說完又是一口，把蛋吞了下去。等兒子吃完，父親開始吃。沒想到父親的碗底藏了兩個荷包蛋，兒子傻眼了。

父親指著碗裡的荷包蛋告誡兒子：「記住，想占便宜的人，往往占不到便宜。」

第二天，父親又做了兩碗麵，一碗有放蛋，一碗無蛋。端上桌，問兒子：「吃哪碗？」

「孔融讓梨，我讓蛋。」兒子狡猾地端起了無蛋的那一碗。「不後悔？」「不後悔。」兒子說得堅決。可兒子吃到底，也不見一個蛋，倒是父親的碗裡上有一個，下又藏一個，兒子又傻了眼。

第九章　肯吃虧者有福報，善吃虧者是高人

　　父親指著蛋教訓兒子說：「記住，想占別人便宜的人，可能會吃虧。」

　　第三天，父親又做了兩碗麵，還是一碗有蛋，一碗無蛋。父親又問兒子：「吃哪碗？」

　　「孔融讓梨，兒子讓麵——爸爸您是大人，您先吃。」兒子誠懇地說。

　　「那就不客氣啦。」父親端起有蛋的那碗，兒子發現自己碗裡面也藏著一個荷包蛋。

　　其實，越是不肯吃虧的人，越是可能吃虧，不但吃虧，而且往往還會多吃虧，吃大虧。唯有不計較吃虧的人，才會真正有福。自古就有「吃虧是福」、「吃一塹，長一智」的說法。但對於其中的道理，似乎有很多人還沒有真正理解，或者只是表面上一知半解，而實際行動起來卻大打折扣。

　　吃虧，雖然意味著捨棄與犧牲，但也不失為一種胸懷、一種特質、一種風度。貪心的人，總是費盡心思去計算別人，在其熱情、仗義與關切的偽裝背後，更多的是肆無忌憚地對別人的進攻與傷害。不怕吃虧的人，才會在一種平和自由的心境中，感受到人生的幸福。

　　世界上沒有白占的便宜，愛占便宜者，遲早會付出代價。有的人見好處就撈，遇便宜就占，即便是蠅頭小利，見

之亦心跳眼紅手癢，志在必得。這種人每占一分便宜，便失一分人格；每撈一分好處，便掉一分尊嚴。天底下也不會有白吃的虧。從某種意義上說，樂於吃虧是一種境界，是一種自律和大度，是一種人格上的昇華。在物質利益上寬宏大量，在人際相處中尊重他人，抬舉他人。如此這般，以吃虧為榮為樂，勢必贏得人們的尊重和抬舉。

任何一個有作為的人，都是在不斷吃虧中成熟和成長起來的，並進而變得更加聰慧和睿智。一旦吃虧便愁腸百結、鬱鬱寡歡，甚至捶胸頓足、一蹶不振，最後受傷的只會是他自己。

講究吃虧的方式與技巧

以吃虧來交友，以吃虧來得利，是一種比較高明和有遠見的辦事技巧。

當然，吃虧也必須講究方式和技巧。虧不能亂吃，有的人為了息事寧人去吃虧，吃暗虧，結果只是「啞巴吃黃連，有苦難言」。就像孫權一樣，為了得到荊州，假意讓自己的妹妹嫁給劉備，結果在諸葛亮的巧妙安排下，孫權不僅賠了妹妹，而且折了兵，荊州還是在劉備手中。孫權這個虧就未免吃得太不值得了。

虧要吃在明處，至少你該讓對方意識到你吃的虧。吃虧你就成了施者，朋友則成了受者。看上去，是你吃了虧，他得了益，然而，朋友卻欠了你一個情，在友誼情感的天平上，你已經增加了一個籌碼，這是比金錢、財富更值得珍視的東西。吃虧，會讓你在朋友眼裡變得豁達、寬厚，讓你獲得更深的友情。這當然會使朋友更心甘情願地幫助你。

做人是如此，商場上也是如此。

商戰變幻莫測，要不斷調整戰略戰術，這種調整的目的在於得利。但有時為了得利，吃些小虧是完全必要的。

美國康涅狄格州有一家叫奧茲莫比爾的汽車廠，它的生意曾長期不振，使工廠面臨倒閉的局面。該廠老闆決定從推銷入手，扭轉危機。

採用什麼樣的推銷方法最好呢？老闆認真反思了該廠的情況，針對存在的問題，對競爭對手以及其他商品的推銷術進行了認真的比較分析，最後綜合了大家意見，大膽設計了「買一送一」的推銷方法。該廠累積一批轎車，未能及時脫手，資金不能回籠，倉租利息卻不斷增加。所以廣告中便特別聲明：誰買一輛托羅納多牌轎車，就可以免費得到一輛「南方」牌轎車。

買一送一的推銷方法，存在已久，使用層面也很廣。但一般做法，只是免費贈送一些便宜商品。如買電視機，送一

個小玩具；買錄影機，送一盒錄影帶等。這種給顧客一點恩惠的推銷方式，最初的確能起到很大的促銷作用。但時間一久，使用者多了，消費者也就慢慢不感興趣了。

送禮給顧客、給回扣的做法，也是個推銷老辦法。但是，所送禮品的價值或回扣數目同樣都較小，不可能起到引起消費者購買的效果。

奧茲莫比爾汽車廠，對各種推銷方法的長處相容並蓄，盡可能克服因方法陳舊，而使消費者麻木遲鈍的缺點，大膽推出買一輛轎車便送一輛轎車這種「破天荒」的辦法，果然一鳴驚人，使很多對廣告習以為常的人為之刮目，到處宣傳。許多人聞訊後，不辭辛勞也要來探個究竟。該廠的經銷部一下子門庭若市。過去乏人問津的轎車，很快就以 21,500 美元一輛被顧客買走，該廠亦一一兌現廣告中的承諾，免費贈送一輛嶄新的「南方牌」轎車。

如此銷售，等於每輛轎車少賣了 5,000 美元，是不是虧了血本？

其實不然，奧茲莫比爾汽車廠不僅沒有虧本，而且由此還得到了多種好處。因為這些車都是庫存車，僅以累積一年計算，每輛車損失的利息、倉租以及保養費等就已接近了這個數目。而現在，不僅車全部賣光了，而且資金迅速回籠，可以擴大再生產了。另外，隨著「托羅納多」牌轎車使用者

的增加，該品牌的市場占有率迅速提高。其聲名大噪的同時，另一個新的牌子「南方」牌也被帶出來了 —— 這一低檔轎車以「贈品」問世，最後開始獨立行銷。

奧茲莫比爾汽車廠從此起死回生，生意興隆。

總之，為了總體目標，為了整體利益，我們要勇於吃小虧，善於吃小虧，真正做到表面上吃虧，暗地裡得利。

吃虧要化被動為主動

「吃虧」有兩種，一種是主動吃虧，一種是被動吃虧。

「主動吃虧」指的是主動去爭取「吃虧」的機會，這種機會是指沒有人願意做的事、困難的事、報酬少的事，這種事因為無便宜可占，大部分人不是拒絕，就是不甘願去做，你主動爭取，老闆當然會對你感激不已，一份情絕對會記在心上，日後，無論是升遷或是自行創業，他都有可能幫助你，這是對人際關係的一種投資。最重要的是，你什麼事都嘗試去做，可以磨練你的做事能力和耐力，不僅懂得的比別人多，也會進步得比別人快，這是你的無形資產，絕不是用金錢可以買得到的。

做事可以是「主動吃虧」，做人呢？做人比做事難，但如果也有「主動吃虧」的心態，那麼做人其實也並不難，因為

人都喜歡占別人便宜，你吃一點虧，讓人占一點便宜，那麼你就不會得罪人，人人當你是好朋友。何況拿人手短，吃人嘴軟，他們今天占你一點便宜，心裡多少也會過意不去，他們會在恰當時候回報你，這就是你「吃虧」之後所占到的「便宜」。

「主動吃虧」，這一點一定要牢記，因為這是累積工作經驗，提高做事能力，擴張人際網路最好的方法。

美國亨利食品加工工業公司總經理亨利‧霍金士先生，有一次突然從化驗室的報告單上發現，他們生產食品的配方中，起保險作用的添加劑有毒，雖然毒性不大，但長期服用對身體有害。如果不用添加劑，則又會影響食品的新鮮度。

亨利‧霍金士考慮了一下，他認為應以誠對待顧客，於是他毅然把這一有損銷量的事情告訴了每位顧客，隨之又向社會宣布，防腐劑有毒，對身體有害。

他做出這樣的舉動之後，使他自己承受了很大的壓力，食品銷路銳減不說，所有從事食品加工的老闆都聯合起來，用一切手段向他反撲，指責他別有用心，打擊別人，抬高自己，他們一起抵制亨利公司的產品，亨利公司一下子跌到了瀕臨倒閉的邊緣。苦苦掙扎了 4 年之後，亨利的食品加工公司已經傾家蕩產，但他的名聲卻家喻戶曉。

這時候，政府站出來支持霍金士了。亨利公司的產品又成了人們放心滿意的熱門選擇。亨利公司在很短時間內便恢復了元氣，規模擴大了兩倍。亨利食品加工公司一舉變成了美國食品加工業的「龍頭」。

生活中總有一些聰明人，能從吃虧中學到智慧。

「主動吃虧」也是一種哲學的思路，其前提有兩個：一個是「知足」，另一個就是「安分」。「知足」則會對一切都感到滿意，對所得到的一切，內心充滿感激之情；「安分」則使人從來不奢望那些根本就是不可能得到的或者根本就不存在的東西。

自己吃虧是駕馭他人的妙方

一家百貨的老闆是個半文盲，卻經營有方，在充滿競爭的生意場上，竟然打敗了眾多的競爭對手，生意特別興隆。有人問他：「你的經營祕訣是什麼？」他笑著說：「不字加一點，一人一塊田，家家日子好，人人笑連連。」

原來他說的是一個「福」字，他解釋說：「福就是吃虧，我寧願少賺點錢，也絕不讓顧客吃虧。在我這裡買東西，百挑不厭，包退包修，上門服務，負責到底，上門購物的人自然就絡繹不絕了。也許，在某些商品上，我少賺了或者虧了本。但從長期、整體看，我肯定賺了錢，而且還能長久賺

錢。所以吃虧不一定是壞事，我就肯吃虧，心甘情願地吃虧。」

「吃虧是福」並不是簡單的阿Q精神，而是福禍相依、付出與得到的人生哲學，無論是為人，還是做生意，吃點虧、肯吃虧都是其不二法門。

人都有趨利的本性，自己吃點虧，讓別人得利，就能最大限度地得到別人的幫助，使自己廣結善緣。古訓「滴水之恩，湧泉相報」的傳統美德，凡事都願意吃點虧來幫助他人、奉獻於社會，在日後肯定會得到同樣的回報。

一個公司管庫房的張大姐，不僅對工作一絲不苟，而且從不「摸走」小東西帶回家。一次她家的暖氣漏水，當時倉庫的暖氣片一大堆，要是她拿一片回家也沒人會說什麼，因為有「廚師不會餓死」這個道理嘛！但她出於良知，覺得拿公司的東西良心不安，所以花錢在外面購買。

她這樣做，一般人都不理解，還有人諷刺她是「不會占便宜的傻大姐！」可是在後來公司改制的時候，她的這種「傻」勁卻幫助她繼續在職。當時她已經四十五歲了，沒文化、沒技術、沒優勢，照理說會是裁員的重點對象。可老闆說：「只要全廠有一個職位，她就不會離開的！」原因呢，不說大家都知道。她不僅一直做到退休，而且退休後，公司又返聘她，現在她每個月是雙份薪水。

第九章 肯吃虧者有福報,善吃虧者是高人

　　害怕吃虧的人,最後往往難以占到便宜。因為哪個老闆不機靈?周圍人的眼睛也是雪亮的。想一想,如果你時時事事都怕吃虧,都想著占便宜,而便宜往往只有一個。便宜都讓你占了,誰還和你共處呢?成了孤家寡人還去占誰的便宜啊!

　　「一個人心胸有多大,他做成的事業就有多大。」凡是那些取得了巨大成就者,無一不是胸懷廣、肯吃虧的人。相反地,那些一事無成、庸庸碌碌的人,多半是心胸狹窄、斤斤計較、不肯吃虧的傢伙。這不是也證明了吃虧是福嗎?

　　砂糖是甜的,精鹽是鹹的。它們是味道的兩極,互為正反,如果想要使事物嘗起來是甜的,只要加點糖就夠了。然而事實上,若我們再加上些鹽,反而更能增加砂糖的甜度與味道。這是因為調和了互為正反的兩種味道,而產生的一種新鮮滋味,這個造物主絕妙的安排,也說明一個道理:吃虧肯定不是壞事。

吃虧也是一種做事的策略

　　把吃虧當作一種做事成事的策略來運用,可謂熟知「吃虧是福」的良訓。

　　從前,有位商人狄利斯和他長大成人的兒子一起出海旅行。他們隨身帶上了滿滿一箱珠寶,準備在旅途中賣掉,但是沒有向任何人透露這一祕密。一天,狄利斯偶然聽到水手

們在交頭接耳。原來，他們已經發現了他們的珠寶，並且正在策劃著謀害他們父子，以掠奪這些珠寶。

狄利斯聽了之後嚇得要命，他在自己的小屋內踱來踱去，試圖想出個擺脫困境的辦法。兒子問他出了什麼事情，於是狄利斯把聽到的全告訴了他。「與他們拚了！」兒子堅決地說。

「不，」狄利斯回答，「他們會制服我們的！」「那把珠寶交給他們？」「也不行，他們還會殺人滅口的。」過了一會，狄利斯怒氣沖沖地衝上了甲板，「你這個笨蛋兒子！」他喊叫著，「你從來不聽我的忠告！」「老頭子！」兒子喊叫著回答，「你說不出一句值得我聽進去的話！」當父子開始互相謾罵的時候，水手們好奇地聚集到周圍。狄利斯突然衝向他的小屋，拖出了他的珠寶箱。「忘恩負義的兒子！」狄利斯尖叫，「我寧可死於貧困，也不會讓你繼承我的財富！」說完這些話，他打開了珠寶箱，水手們看到這麼多的珠寶時，都倒吸了口涼氣。狄利斯又衝向欄杆，在別人阻止他之前，將他的寶物全都投入了大海。

過了一會，狄利斯父子目不轉睛地注視著那個空箱子，然後兩人躺倒在一起，為他們所做的事而痛哭不已。後來，當他們單獨待在小屋時，狄利斯說：「我們只能這樣做，孩子，再也沒有其他的辦法可以救我們的命！」

「是的，」兒子回答，「您這個辦法是最好的了。」

輪船駛進了碼頭後，狄利斯與他的兒子匆匆忙忙地趕到了城市的地方法官那裡。他們指控水手們的海盜行為觸犯了「企圖謀殺罪」，法官逮捕了那些水手。法官問水手們是否看到狄利斯把他的珠寶投入大海，水手們都一致說看到過。於是，法官判決他們都有罪。法官問：「什麼人會拋棄掉他一生的積蓄而不顧呢？只有當他面臨生命的危險時才會這樣去做吧？」手們只能賠償狄利斯的珠寶，法官因此饒了他們的性命。

你看，狄利斯以吃大虧的氣度和智慧，不但保住了性命，也保住了利益。所以，在適當的時候，只有捨得吃虧，肯吃別人吃不了的大虧，才能做成一般人做不成的事情。

吃虧也是一種做事的策略

官網

國家圖書館出版品預行編目資料

失業、失戀、失勢，過去已無法再重來：既然不
能全部享有，不如接受你所擁有 / 韓春華 編著.
-- 第一版 . -- 臺北市：崧燁文化事業有限公司，
2023.05
面；　公分
POD 版
ISBN 978-626-357-313-0(平裝)
1.CST: 人生哲學
191.91　112005384

失業、失戀、失勢，過去已無法再重來：既然不能全部享有，不如接受你所擁有

臉書

編　　著：韓春華

發 行 人：黃振庭

出 版 者：崧燁文化事業有限公司

發 行 者：崧燁文化事業有限公司

E-mail：sonbookservice@gmail.com

粉 絲 頁：https://www.facebook.com/sonbookss/

網　　址：https://sonbook.net/

地　　址：台北市中正區重慶南路一段六十一號八樓 815 室
Rm. 815, 8F., No.61, Sec. 1, Chongqing S. Rd., Zhongzheng Dist., Taipei City 100,
Taiwan

電　　話：(02)2370-3310　　傳　　真：(02) 2388-1990

印　　刷：京峯彩色印刷有限公司（京峰數位）

律師顧問：廣華律師事務所 張珮琦律師

定　　價：420 元

發行日期：2023 年 05 月第一版

◎本書以 POD 印製